Rotes Kliff: Der Name ist Programm

 Sylter Heimatmuseum
Hier erfahren Sie viel über das einstige Leben der Insulaner – Heimatkunde fürs Herz (Seite 46)

 Benen-Diken-Hof
»Insel auf der Insel« nennt sich das Luxushotel in Keitum, das inmitten eines großzügigen Anwesens liegt (Seite 48)

 Wanderdünen
»Wie Gletscher eines Hochgebirges« empfand der Dichter Gerhart Hauptmann die gewaltigen Wanderdünen des Listlandes (Seite 50)

 Söl'ring Hof
Ein Luxushotel, das nicht nur durch seine einmalige Lage in den Rantumer Dünen besticht (Seite 61)

 Denghoog
Bis heute ist nicht geklärt, wie Sylts damalige Bewohner vor 6000 Jahren dieses gewaltige Hügelgrab bauen konnten (Seite 64)

Ein Blütenmeer: Braderuper Heide

 Rotes Kliff
Erst ein glutroter Sonnenuntergang garantiert, dass das berühmte Kliff seinem Namen gerecht wird. Dann ist es einmalig schön! (Seite 64)

 Restaurant Jörg Müller
Die Konkurrenz schläft nicht, aber Jörg Müller ist immer noch der beste Koch der Insel (Seite 69)

 Hotel Stadt Hamburg
Im Zentrum von Westerland: vornehmes Understatement und ein Wellnessbereich der Extraklasse (Seite 71)

 Die Highlights sind in der Karte auf dem hinteren Umschlag eingetragen

MARCO POLO

Sylt

Reisen mit Insider Tipps

Diesen Führer schrieb die
Reisebuchautorin und langjährige
Syltkennerin Meta Hinrichsen.

marcopolo.de

Die aktuellsten Insider-Tipps finden Sie unter
www.marcopolo.de, siehe auch Seite 90

MAIRS GEOGRAPHISCHER VERLAG

SYMBOLE

MARCO POLO INSIDER-TIPPS:
Von unserer Autorin für Sie entdeckt

★ **MARCO POLO HIGHLIGHTS:**
Alles, was Sie auf Sylt kennen sollten

❂ HIER HABEN SIE EINE SCHÖNE AUSSICHT

🏃 WO SIE JUNGE LEUTE TREFFEN

PREISKATEGORIEN

Hotels		Restaurants	
€€€	über 150 Euro	€€€	über 25 Euro
€€	90–150 Euro	€€	20–25 Euro
€	unter 90 Euro	€	unter 20 Euro

Die genannten Preise sind
Richtwerte für ein Doppel-
zimmer in der Hauptsaison.

Die Preise beziehen sich
auf ein Hauptgericht ohne
Getränke.

KARTEN

[98 A1] Seitenzahlen und Koordinaten
für den Reiseatlas Sylt

[0] außerhalb des Kartenausschnitts

Karten von Kampen, Keitum und Westerland
finden Sie im hinteren Umschlag, eine
Karte von List auf Seite 49 und eine Karte
von Wenningstedt auf Seite 65.

Zu Ihrer Orientierung sind auch die
Objekte mit Koordinaten versehen,
die nicht im Reiseatlas eingetragen sind.

GUT ZU WISSEN

INHALT

Die wichtigsten
MARCO POLO Highlights

Sehenswürdigkeiten, Orte und Erlebnisse, die Sie nicht verpassen sollten

 Braderuper Heide
Eine Art Lüneburger Heide mit Meerblick – im Sommer ein einziges rosa Blütenmeer (Seite 31)

 Hörnum-Odde
Wo sich die Meere treffen, wird die Gefährdung der Insel besonders deutlich (Seite 33)

 Vogelkoje
Wo man einst Enten den Hals umdrehte, breitet sich heute ein reichhaltiges Pflanzenbiotop aus (Seite 39)

 Kupferkanne
Genuss im Untergrund: In dem ehemaligen Flakbunker genießt man köstlichen Kuchen (Seite 40)

 Spazierweg am Grünen Kliff in Keitum
Der kleine Fußweg ist ein Idyll für Romantiker (Seite 44)

 Kirchenkonzerte in St. Severin
Wenn Matthias Eisenberg in die Tasten der neuen Keitumer Orgel haut, bebt nicht nur die Erde (Seite 45)

 Altfriesisches Haus
Niedriges Reetdach, kleine Zimmer, schöne Fliesen – so lebten einst die Friesen (Seite 46)

Naturgeschützt: Wanderdünen

Entdecken Sie Sylt!

**Deutschlands beliebteste Urlaubsinsel
ist oft ganz anders, als die Fernsehberichte
und Journale weismachen wollen**

Ein echter Syltfan ist eine ganz besondere Variante des »homo turisticus«. Wassertemperaturen, die auch im Sommer nur selten die 20-Grad-Marke erreichen, schrecken ihn ebenso wenig wie Stürme im Frühjahr oder die gar nicht so geringe Wahrscheinlichkeit von Schauerstaffeln auch zur Hochsaison. Begeistert kehrt er jedes Jahr wieder. Die Sylter dürfen sich glücklich ob solcher Gäste schätzen – klaglos erdulden diese auch Wetterlagen, die jedem Tourismusmanager am Mittelmeer den Schlaf rauben würden.

*Die Westküste bietet auf fast 40 km
ideale Bedingungen zum Surfen*

Nicht, dass es auf Sylt keine windstillen Sommertage gäbe, verschneite Winteridylle oder Dolce Vita am Strand – nur rechnen darf man damit nicht! Ob jemand, der Sylt das erste Mal besucht, zum Syltfan wird oder nicht, entscheidet sich sehr schnell. Die Insel fordert förmlich ein Urteil heraus, gleich in den ersten Stunden. Ein Strandspaziergang bei Gegenwind Stärke 8: göttlich oder einfach nur grausam? Ein Bad in der Sylter Brandung: belebend und berauschend oder eher beängstigend? Ein Spaziergang durch die einsame Landschaft des Listlandes: lohnend oder nur langweilig?

*»Dünenschutz ist Küstenschutz«:
Die Dünen sollten Sie wirklich
nur auf den Wegen durchqueren*

Vermutlich erging es auch den ersten Badegästen nicht anders, die Mitte des 19. Jhs. nach einer mühevollen Schiffsanreise die Insel erreichten. Die mussten damals allerdings auch noch den Service fürchten: »Comfort gering, unglaubliche Betten, die Matratzen mit Austernschalen gestopft – man muss sich immer freuen, wenn die Nacht und das Essen vorbei sind«, schrieb der Maler Ludwig Knaus 1867 in sein Tagebuch. Diese Zustände sind heute gottlob vorbei. Das Angebot an Hotels, Pensionen, Apartments und Restaurants entspricht der Volksweisheit »Wer die Wahl hat, hat die Qual«.

Das Eiland – bereits in der Stein- und Bronzezeit Heimat für viele

Geschichtstabelle

vor 120 000 Jahren In der Saale-Eiszeit wird eine Moräne abgelagert, der Sylt seine Existenz verdankt

um 6000 v. Chr. Durch den Anstieg des Meeresspiegels wird Sylt langsam zur Insel

um 4000 v. Chr. In der Jungsteinzeit erste Besiedlung. Die Bewohner schaffen gewaltige Megalithgräber (»Hünengräber«)

um 800 n. Chr. Einwanderung von friesischen Siedlern. Die Keimzellen der heutigen Ortschaften entstehen

1141 Erste Erwähnung der Insel Sylt. Im 12. Jh. werden die ersten Inselkirchen errichtet

1362 Die Marcellus-Sturmflut, auch »grode Mandränke« genannt, zerstört das alte Nordfriesland

1435 Im Frieden von Vordingborg wird die Insel geteilt: Das Listland bleibt dänisch (bis 1864), die übrigen Inselorte fallen an Schleswig

1634 Die Burchardiflut zerstört den letzten Deich auf Sylt

1750 »Goldenes Zeitalter« Sylts: Die Insulaner leben vom Walfang und der Handelsschifffahrt

1855 Westerland wird Seebad, das Dorf verzeichnet 98 Kurgäste

1866 Sylt wird Teil der preußischen Provinz Schleswig-Holstein

1888 Einweihung der Inselbahn

1920 Die Volksabstimmung nach dem Ersten Weltkrieg ergibt 2715 Stimmen für die Zugehörigkeit zu Deutschland, 356 für Dänemark

1927 Der Hindenburgdamm wird eingeweiht

1945–1948 Ansiedlung von Flüchtlingen aus den ehemaligen deutschen Ostgebieten; zeitweilig sind über die Hälfte der Einwohner Heimatvertriebene

1960er-Jahre Der Fremdenverkehr boomt. Der Jetset im Gefolge von Gunter Sachs beschert Kampen den Beinamen »St-Tropez des Nordens«

1970 Die Inselbahn wird stillgelegt

1972 Die erste Sandvorspülung zur Sicherung der Küste wird vor Westerland durchgeführt

1986 Das Sylter Wattenmeer wird Nationalpark

2000 Sylt zählt 625 000 Gäste

2001 Die heiß umstrittenen grünen Skulpturen »Reisende Riesen im Wind« werden auf dem Bahnhofsvorplatz in Westerland enthüllt

Unverkennbar friesisch: das weit heruntergezogene, reetgedeckte Dach

Menschen, später besiedelt von Friesen und überfallen von Wikingern – hatte schon einiges durchgemacht. Acker- und Siedelflächen waren durch den Anstieg des Meeresspiegels dramatisch verringert worden, viele Dörfer lagen längst auf dem Grund des Meeres. Die Klimaverschlechterung ließ außerdem nicht gerade üppige Ernten zu, sodass das Leben auf Sylt in früheren Zeiten ohne Übertreibung als erbärmlich bezeichnet werden kann. Sturmfluten, Epidemien und eine drückende Steuerlast (weil der dänische König nie genug Kleingeld für seine Kriege hatte) taten das ihre, die Insulaner nicht in übermütige Laune zu versetzen. Erst im 17. Jh. änderte sich das Schicksal: Das zur Seemacht aufgestiegene Holland benötigte wagemutige Männer für Schiffe, die zum

Mehr als ein Drittel steht unter Naturschutz

Walfang ins Nordmeer aufbrachen oder im Auftrag der Handelskompanien in Richtung Asien unterwegs waren. Dass man natürlich auch am Sklavenhandel verdiente, davon wird heute nicht mehr so gerne gesprochen. Wagemutig waren die Sylter wohl nicht unbedingt, aber arm und hungrig. Außer ihrem Leben hatten sie kaum etwas zu verlieren, sodass viele die Chance ergriffen. Mit Glück konnte man Kapitän und somit reich werden – so brach auf Sylt ein »Goldenes Zeitalter« an, dessen Reichtum sich insbesondere im Hausbau niederschlug. Keitum mit seinen vielen Friesenhäusern aus jener Ära lässt diese Zeit heute noch wach werden.

1750 hatte Sylt um 2700 Einwohner, von denen mehr als 500 Seefahrer waren, das heißt: Prak-

Ein einzigartiger Sandstrand erstreckt sich über die gesamte Westküste

tisch jeder Mann fuhr zur See. Dass auch diese Zeit nicht nur golden war, verrät ein Blick in die damaligen Sterberegister. Alle Familien betrauerten Brüder, Väter und Söhne, die auf See geblieben waren. Viele Frauen blieben unverheiratet, weil der Überschuss des weiblichen Geschlechts fast 50 Prozent betrug.

Trotzdem konsolidierte sich die Finanzlage der Sylter in dieser Phase. Man musste nicht am Hungertuch nagen, als es mit der großen Zeit der Seefahrt Anfang des 19. Jhs. zu Ende ging. Die Zeitspanne, bis die ersten Badegäste das zweite goldene Zeitalter einläuteten, überbrückte man mit Landwirtschaft; häufig findet man in alten Steuerlisten den Eintrag »lebt von seinem Vermögen«.

Der einsetzende Fremdenverkehr veränderte die Insel nachhaltig. Die einst reichen Dörfer im Osten der Insel wie Keitum und Mor-

> **Einsame Plätze sind nach wie vor zu finden**

sum gerieten plötzlich ins Hintertreffen, denn die Gäste wollten an den Strand, den es nur im Westen gab, wo die armen Dörfer lagen. Eines der ärmsten, nämlich Westerland, machte dabei das Rennen. Pfiffige Gemeindemitglieder hatten mit Hilfe auswärtiger »Berater« – Gäste, die ihnen die bisher als selbstverständlich empfundene Einmaligkeit der Insel deutlich machten – die Morgenröte des Fremdenverkehrs erkannt und 1856 eine Badeaktiengesellschaft gegründet. Bald war Westerland das eleganteste Bad an der deutschen Nordsee. Davon profitierten auch die anderen Gemeinden, überall stiegen die Gästezahlen – bis der Erste Weltkrieg das Ende der ersten Bäderepoche einläutete. Der Neuanfang danach war schwer, obwohl der Bau des Hindenburgdamms 1927 die Anreise erheblich erleichterte. Erst 1934 wurden die Vorkriegsgästezahlen wieder erreicht. Doch der Zweite Weltkrieg ließ wenig später die Fremdenverkehrswirtschaft vollständig zusammenbrechen. Von den gut 26 000 Menschen, die nach Kriegsende auf der Insel lebten, waren mehr als die Hälfte Heimatvertriebene. Westerland knüpfte danach nie wieder an die alten Erfolge an. Andere Orte hatten nun die Nase vorn, wie Kampen, wo sich in den Wirtschaftswunderzeiten der Jetset niederließ und Sylt ein neues Image verpasste. »Insel der Nackten und Reichen« hieß es nun, und dieses Vorurteil hat sich bis heute hartnäckig gehalten.

Ein Bad in der Brandung: belebend und berauschend

Damit wären wir wieder beim Syltfan, der manchmal tatsächlich nackt und manchmal auch reich ist – der aber ganz bestimmt ein Faible für die Natur haben muss. Die Konzentration vielfältiger, zum Teil ganz gegensätzlicher Landschaften auf engem Raum ist das große Kapital der Insel – doch Fluch und Segen liegen hier eng beieinander. Die einzigartige Natur, derentwegen die Gäste kommen, muss mittlerweile vor ihren Verehrern geschützt werden. Da über ein Drittel der Sylter Fläche unter Naturschutz steht (zählt man die Landschaftsschutzgebiete dazu, sind sogar 50 Prozent geschützt!), sind Konflikte an der Tagesordnung. Auch mit den Gästen, die sich in ihrer freien Entfaltung nicht gängeln lassen wollen und trotz Verbot beispielsweise die Dünen betreten. Doch auch mit den Gemeinden, die ihre Bebauungsgrenzen allzu gerne überschreiten. Entweder weil ihnen mal wieder das Geld ausgegangen ist oder weil die schon erwähnten »Berater« ihnen den Floh ins Ohr gesetzt haben, sie bräuchten Thermalbäder, Thalassohotels, »Edutainmentcenter« oder endlich ein größeres Gewerbegebiet auf den freien Flächen des Flugplatzes. Dass die Zunahme der Bebauung ein erhöhtes Verkehrsaufkommen produziert, wodurch wiederum Hektik und Lärm zunehmen, hat sich in der hiesigen Politikerriege offensichtlich noch nicht herumgesprochen. Langjährige Syltfans kehren deshalb ihrer Liebe auch schon mal den Rücken. Doch gemessen an anderen europäischen Urlaubszielen ist Sylt immer noch idyllisch, weil einsame Plätze nach wie vor zu finden sind und die ruhige Gediegenheit der Orte die Wohlsituiertheit ihrer Bewohner widerspiegelt.

Ein weiteres Plus neben der abwechslungsreichen, geschützten Naturlandschaft ist die Alternative zu dieser: Mit der Stadt Westerland und vielen attraktiven Dörfern bietet Sylt die nötige Infrastruktur, um einen Urlaub ausgesprochen abwechslungsreich gestalten zu können. So ist etwa die große Anzahl an ausgezeichneten Restaurants auf so engem Raum nahezu einmalig in Deutschland.

Machen Sie sich also auf die Suche nach »Ihrem« Sylt! Dieser MARCO POLO Band wird Ihnen helfen, eine ganz besondere Insel zu entdecken. Und wer weiß, vielleicht werden auch Sie gleich in den ersten Stunden zum Mitglied jener großen Fangemeinde, die ohne dieses Eiland nicht mehr leben möchte.

Buhnen und Dünen, Reet und Watt

Wer ist Ekke Nekkepen?
Was kostet der Quadratmeter in Kampen?
Welche Wurzel ist 35 Kilometer lang?

Biikebrennen

Traditionsreiches, im Ursprung heidnisches Friesenfest, das immer am 21. Februar gefeiert wird. Rituelle Wintervertreibung, später die Verabschiedung der Walfänger werden als ursprüngliche Anlässe für dieses wichtigste Fest der Sylter genannt. Das Absingen des Liedes »Üüs Söl'ring Lön« und die friesischen Ansprachen werden von den zu Tausenden anreisenden Gästen zwar nicht verstanden, und der anschließend überall servierte Grünkohl schmeckt sicher auch nicht jedem, doch das scheint der ausgelassenen Stimmung nichts anhaben zu können.

Buhnen

Alle im rechten Winkel zum Strand in die See hineingebauten Küstenschutzwerke, ob aus Holz, Stein, Beton oder Stahl, werden Buhnen genannt. Seit 1867 wurden mehrere Hundert dieser Querwerke an den Weststrand gesetzt, in der irrigen Annahme, hiermit die parallel

Nur noch Stumpf und Stiel: Die Buhnen, einst als Bollwerk gegen Flut und Strömungen geplant, fielen selbst den Naturgewalten zum Opfer

zum Ufer verlaufenden Strömungen zu brechen und die Abbrüche so zu reduzieren.

Dünen

Fast ein Drittel der rund 100 m^2 großen Insel besteht aus Dünen, die bis zu 35 m hoch aufgeweht sind. Ihre Substanz, den Strandsand, liefert das Meer. Dieser wird vom Westwind gen Osten getragen. Ursprünglich waren es Wanderdünen, die seit dem 18. Jh. bepflanzt wurden, um eine Zerstörung der Ackerfluren und Siedlungsflächen durch Sandflug zu stoppen. Nur im Listland wurde teilweise auf eine Bepflanzung verzichtet; dort befinden sich die größten Wanderdünen Deutschlands. Die mächtigste der drei Dünen ist rund 400 m breit und knapp 2 km lang. Bis zu 4 m pro Jahr beträgt die durchschnittliche Wanderstrecke der Dünen.

Geest

Bezeichnung für eiszeitliche Ablagerungen wie Moränen und Sandflächen, die sich deutlich aus der flachen, fruchtbaren Marsch erheben. Sie galten lange als bevorzugtes Siedlungsgebiet. Der Mittelteil der Insel im Dreieck Kampen-Kei-

Morsum-Kliff: Erdschichten aus 10 Mio. Jahren treten hier zu Tage

tum-Westerland besteht aus einer Moräne aus der Saale-Eiszeit.

Hindenburgdamm
Reichspräsident Paul von Hindenburg kam am 1. Juni 1927 persönlich zur Einweihung des nach ihm benannten, 11,2 km langen Eisenbahndamms zwischen dem Festland und Sylt. In der vier Jahre dauernden Bauphase wurden über 3 Mio. m³ Sand und Lehm sowie 120 000 t Steine verarbeitet. Die Entwicklung des Sylter Fremdenverkehrs wäre ohne den Eisenbahndamm so nicht denkbar gewesen – doch insbesondere die Hunderttausende Autos, die jährlich via Autozug über den Damm geschleust werden, rufen auf der Insel nicht nur Beifall hervor.

Immobilien
Die Sylter Haus- und Grundstückspreise erreichen deutschlandweit Spitzenwerte. In Kampener Wattlage muss man mit 10 000 Euro pro m² rechnen, für normal Verdienende sind selbst die günstigeren Wohn-

lagen in Tinnum mit 2500 Euro kaum zu bezahlen. Bei diesen Summen mag man sich über sein teures Zimmer gar nicht mehr ärgern, alles ist eben relativ.

Inselbahn
Bis 1970 gab es auf Sylt eine Schmalspurbahn, die den Norden mit dem Süden verband. Sie war Ende des 19. Jhs. notwendig geworden, um die immer zahlreicher werdenden Gäste auf einer autofreien (kaum vorstellbar …) Insel zu befördern. Den Abbau der seinerzeit unrentabel gewordenen Strecken, die heute Radwege sind, bereuen heute viele. Dass die Inselbahn nicht die schnellste Fortbewegung garantierte, zeigt die Anekdote eines Lokführers, der seinen Freund nach Westerland losspazieren sah und ihm kostenlos einen Platz anbot. Er bekam zur Antwort: »Nee, lass man, heut hab ichs eilig.«

Inselkoller
Depressive Befindlichkeit der klaustrophobischen Art, besonders häu-

fig nach dreiwöchigem Novembernebel und im nicht enden wollenden Wintermonat März zu beobachten. Verursacht deutliche Fluchtsymptome nach dem Grundsatz: Bloß weg! Therapie: drei Tage Großstadt, dann kommt man gerne zurück.

Kliff

Steilufer an einer Abbruchküste. Auf Sylt finden sich insgesamt vier Kliffe: Rotes Kliff zwischen Wenningstedt und Kampen, Morsum-Kliff im Osten der Halbinsel Nösse, Grünes Kliff in Keitum und Weißes Kliff in Braderup; das Letztere ist allerdings weitestgehend eingestürzt.

Klöntür

Moderner Ausdruck für die wohl ursprünglichste Form der Friesenhaustür. Sie hat in der Mitte auf Brusthöhe eine horizontale Teilung, sodass die obere Hälfte unabhängig von der unteren geöffnet werden kann. Das hatte in früheren Zeiten den Vorteil, Licht und Luft ins Haus lassen zu können, ohne dass die Kleinkinder davonlaufen bzw. das Viehzeug von draußen ins Haus kommen konnte.

Marsch

Flacher und fruchtbarer Boden am Wattufer. Er ist aus Meeresablagerungen entstanden und meist von Prielen durchzogen. Wenn die Marschen nicht eingedeicht werden, können sie sich zu Salzwiesen wie bei Rantum oder am Lister Königshafen entwickeln. Der größte Teil der Sylter Marsch liegt östlich von Keitum und wurde durch den Bau des Nössedeichs 1935 dem Meereseinfluss entzogen.

Quallen

Im Sommer, wenn die Wassertemperaturen so richtig zum Baden einladen, können sie vereinzelt, manchmal aber leider auch invasionsartig auftauchen. Und zwar immer dann, wenn durch Ostwind die unteren Wasserschichten an die Oberfläche strömen. Quallen bestehen zwar zu 98 Prozent aus Wasser und sind meist harmlos, aber ein Bad in diesem Glibber ist doch gewöhnungsbedürftig. Nur vor der gelben Haarqualle, auch Feuerqualle genannt, muss man sich in Acht nehmen: Deren lange Tentakel – neben der gelben Farbe (die anderen Quallen sind farblos) ihr Erkennungsmerkmal – können schwere Verbrennungen hervorrufen.

Reet

Schilfstroh, das im Winter bei Frost geerntet wird und die ursprüngliche Dachbedeckung der Friesen-

Hier wird der Dachdecker zum Friseur: Reetdachhaus in Keitum

häuser ist. Dieses einst kostengünstige Baumaterial wächst u. a. am Sylter Wattufer, aber nicht mehr in ausreichender Menge. Auf Grund des Baubooms wird es längst importiert. Heute kommen die Sylter Dächer meist aus Polen oder Ungarn.

Reizklima
Medizinischer Begriff für die Eigenschaft des Meeresklimas, zahlreiche Körperfunktionen zu beschleunigen, so auch den Stoffwechsel. Folgen davon sind besonders in den ersten Urlaubstagen häufige Müdigkeit und ein gewaltiger Appetit.

Rüm Hart, klaar Kiming
Friesischer Wahlspruch, besonders häufig auf der gelb-rot-blauen Friesenflagge zu lesen. Die kühne Übersetzung »Harter Rum und klarer Korn« stammt allerdings aus Touristenkreisen. Die richtige Übersetzung lautet: »Reines Herz, weiter Horizont« womit angebliche Charaktereigenschaften der Insulaner beschrieben werden.

Sagen
Die Sagenwelt der Sylter ist voll von kleinen Zwergen, Riesen und »Pucken« (Kobolden), die in Haus und Hof ihr Unwesen treiben. Sie leben in den Hünengräbern, auf der Heide, aber auch im Haus. Vieles, was den Syltern nicht verständlich war, wurde durch Sagen erklärt. So sind z. B. im alten Glauben die Meergötter Ekke Nekkepen und seine Frau Ran für die Sturmfluten verantwortlich.

Sandbänke
Durch Meeresströmungen und -brandung bilden sich auf dem Grund des Meeres lang gestreckte Sanderhebungen, deren Größe und Lage ständig variiert. Diese von See-

Söl'ring – Sylter Friesisch

Anders als Plattdeutsch ist das Friesische eine eigene Sprache

Alles, was sich auf Sylt mit dem Vorsatz »Friesen-« schmückt, ist leichter unters Volk zu bringen. Nur bei der Sprache klappt das – zum Leidwesen der Einheimischen – nicht. Ihre friesische Muttersprache, das Söl'ring, hat wohl trotz aller Anstrengungen keine große Zukunft; heute wird es gerade noch von 2000 Syltern gesprochen. Wer als Unkundiger versucht, einem friesisch geführten Gespräch zu folgen, wird sich wundern, denn im Gegensatz zum Plattdeutschen handelt es sich hier nicht um einen niederdeutschen Dialekt. Friesisch ist eine eigene Sprache, und wer sich mit ihr näher befasst, wird erstaunt feststellen, wie viele Gemeinsamkeiten es mit dem Englischen gibt: *wai* für Weg, *dai* für Tag oder *lok* für Glück. Beide Sprachen entstammen nämlich dem Nordseegermanischen, Deutsch hingegen dem Binnengermanischen.

Nicht nur für Kinder gilt: Durchs Watt wird nur mit Führung gewandert!

fahrern auch Untiefen genannten Sande fallen bei Ebbe trocken. Bei Flut sind sie hingegen oft nicht zu sehen, was für die Schifffahrt Gefahren birgt. Seehunde und Robben nutzen die Sandbänke als Ruheplätze oder um ihre Jungen zur Welt zu bringen.

Strandhafer

Die wichtigste Charakterpflanze der Insel, auch als Dünengras bezeichnet, durch deren Anpflanzung das Verblasen und Weiterwandern der meisten Dünen unterbunden werden konnte. Strandhafer besitzt unter anderem die erstaunliche Fähigkeit, jährliche Übersandungen von bis zu 2 m zu durchwachsen und den Sand damit festzuhalten. Das gesamte Netz der Wurzeln einer einzigen Pflanze kann eine Länge von über 35 km erreichen!

Sturmflut

Durch Wind verursachte Wasserstandserhöhung um mindestens 1,50 m, verbunden mit stürmischen Winden und dementsprechendem Wellengang. 1923 starben zum letzten Mal Menschen bei einer Sturmflut auf Sylt, 1962 drang das Meer bis zum Westerländer Bahnhof vor, und 1999 spülte der Sturm Anatol über 2 Mio. m^3 Strand, Kliff und Dünen fort.

Tetrapoden

6 t schwere Betonvierfüßler, die in den Sechzigerjahren vor der Westerländer Promenade und vor Hörnum aufgestapelt und ineinander verkeilt wurden, um dem Angriff der See Paroli zu bieten. Sie konnten die in sie gesetzten Erwartungen nicht erfüllen und verschandeln heute die Strandlandschaft.

Watt

Ein amphibischer Raum zwischen Land und Meer, der bei Flut überspült wird und bei Ebbe ganz oder teilweise trockenfällt. Diese auf den ersten Blick öde und graue Schlickmasse ist ein hoch produktiver Lebensraum, der sich besonders gut auf einer geführten Wattwanderung erkunden lässt. Niemals sollte man als Unkundiger alleine ins Watt gehen – jedes Jahr werden in Nordfriesland mehrere Unvorsichtige von der Flut überrascht und ertrinken!

Sterneküche und Fischbuden

Der »kulinarische Nebel«, den Küchenpapst Wolfram Siebeck der Insel einst attestierte, hat sich gelichtet

Die Insel ist mit fünf Michelin-Sternen neuerdings ein kleines Sterneparadies. Dazu trägt seit rund 20 Jahren an erster Stelle Jörg Müller bei, dessen Restaurant in Westerland sozusagen das Flaggschiff der Gourmetküche ist. Dirk Lässig ist dagegen ein junger Sternekoch. Sie finden ihn in Wenningstedt, wie auch Bernhard Büdel, der seinen Stern immerhin seit zehn Jahren verteidigt, neuerdings im Restaurant Veneto. Ganz neu im Reigen sind Johannes King vom Söl'ring Hof in Rantum und Alessandro Pape und Christoph Rüffer vom Fährhaus Munkmarsch.

Wenn die Sterne auch weit strahlen, die meisten Sylter Gäste kennen wohl eher die anderen rund 300 gastronomischen Betriebe, die alle Diätabsichten zunichte machen. Auf Sylt steigt aus vielerlei Gründen der Appetit, und zahllose Gäste müssen die Heimreise mit mehr Pfunden als geplant antreten. Zu den Verführern gehören die Imbissbuden des Fischkönigs Jürgen Gosch ebenso wie die immer zahl-

An nachmittägliche Teestunden mit Friesenkeks und Friesentorte kann man sich schnell gewöhnen

reicher werdenden Strandhütten und die vielen gutbürgerlichen Restaurants, von denen jeder Ort mehrere zu bieten hat.

Das große Angebot verhindert leider nicht regelmäßige Engpässe im Sommer zur Hochsaison. Voranmeldung ist bei den guten Restaurants nicht nur ratsam, sondern notwendig. Trotzdem hält sich die üble Sitte des Schichtessens. Hat man das Glück, einen Tisch um 18.30 Uhr zu ergattern, wird man gleich darauf hingewiesen, um spätestens 20 Uhr müsse man aber fertig sein. Der schwache Trost: Auch diese Reservierung gilt nur bis 21.30 Uhr, danach speist in vielen Lokalen dann noch die dritte Schicht. Die Gastronomen begründen diese Form der organisierten Ungemütlichkeit mit den geringen Einnahmen im Winter. Denn auf Grund schwacher Gästezahlen in der Nebensaison müssen sich viele Gastronomiebetriebe in eine lange Winterpause schicken.

Meeresgetier ist überall der große Renner – man urlaubt ja schließlich mitten im Meer –, doch natürlich ist es eine Illusion zu glauben, Sylter Fischer würden den Frischfisch anlanden. Nur wenige Hobby-

Norddeutsche Spezialitäten

Lassen Sie sich diese Köstlichkeiten gut schmecken!

Eisbrecher – heißer Rotwein mit Rum, bricht nicht nur Eis!

Friesenkeks – zartes Buttergebäck, dessen Erfindung allerdings nicht auf einen Sylter, sondern auf Otto Wiedermann aus Weimar zurückgeht, der 1896 in Westerland das Wiener Café gründete

Friesentorte – Die macht satt! Zwei Blätterteigböden, dazwischen Pflaumenmus und Schlagsahne

Grünkohl – Krauskohl, der nach dem ersten Frost geerntet und mit Speck, Kassler, Kohlwurst oder Schweinebacke und Schmalz gekocht wird. Dazu gibt es Bratkartoffeln. Traditionelles Essen zur Biike im Februar

Matjes – Im Mai und Juni werden die jungen Heringe gefangen und noch am selben Tag in einer Tonne mit Meersalz eingelagert. Meist werden sie mit Pellkartoffeln und grünen Bohnen serviert.

Pharisäer – Kaffee mit einem Schuss Rum und Sahnehaube. Der Namensgeber war angeblich ein Halligpastor, der seinen Schäfchen Alkohol verboten hatte, doch als der bei einem Kaffeekränzchen versehentlich die Tasse seines Nachbarn erwischte, wurde ihm klar, warum alle so ausgelassener Stimmung waren. »Ihr Pharisäer!« soll er erbost gerufen haben.

Rote Grütze – Kompott aus roten Beeren mit Sahne (flüssig oder geschlagen) oder Milch

Sylter Royal – nordpazifische Auster (»crassostra gigas«), die seit 1986 in der Blidselbucht bei List gezüchtet wird. Puristen genießen die frische Auster roh und allenfalls mit etwas Zitrone, Gourmets probieren sie gebacken, gegrillt, paniert oder geräuchert in der Suppe.

Sylter Welle – ein anderer Name für Glühwein

Sylt-Quelle – Sylter Mineralwasser, das südlich von Rantum aus 100 m Tiefe gewonnen wird

Teepunsch – Wenn die Nordfriesen ein Nationalgetränk haben, dann ist es Teepunsch. Man benötigt dünnen Tee (der eher eine Alibifunktion erfüllt, um dem Getränk Farbe zu geben), der dann mit geelem Köm (Kümmelkorn) trinkbar gemacht und in kleinen Tassen serviert wird.

Tote Tante – Das ist sozusagen die Schwester von Pharisäer: heißer Kakao mit einem Schuss Rum und Sahnehaube

Die nördlichste Imbissbude Deutschlands: Gosch am Hafen in List

angler bescheren einigen vereinzelten Restaurants echten Sylter Fisch. Ein Produkt, das mit 100-prozentiger Sicherheit von der Insel stammt, ist dagegen die Auster Sylter Royal. Viele Restaurants haben sich auf die norddeutsche Küche spezialisiert: Deichlamm, Wildente und Angeldorsch oder zum Nachtisch rote Grütze finden sich auf zahlreichen Speisekarten. Das Ambiente ist entsprechend: gemütliche Stuben mit Fliesenwänden, maritimes Dekor und blank geputztes Messing, wohin man schaut.

Wer möchte, kann den ganzen Tag über schlemmen. Frühstück mit besonders schönen Ausblicken bieten die Kupferkanne in Kampen, das Fährhaus in Munkmarsch und das Café Luzifer direkt an der Westerländer Promenade. Das Spiel »Schlemmen und Schauen« funktioniert vortrefflich in der Friedrichstraße, wo sich Straßencafés, Nobel-

imbisse und zahlreiche Fisch-Fast-Food-Locations aneinander reihen. Etwas nobler, aber im Prinzip nicht unähnlich geht es im Kampener Strönwai zu. Hier korrespondiert das Leben auf den Terrassen im Sommer allerdings stark mit dem Strandleben: ab 12 Uhr ein kleines Frühstück, gegen 16 oder 17 Uhr ein Gläschen Champagner, bevor man sich für den abendlichen Auftritt noch einmal zurückzieht.

Das Restaurantangebot auf Sylt ist jedenfalls so vielfältig, dass für jeden das Passende dabei ist. Wer schon zu Hause seine Restaurants auswählen und reservieren möchte oder einfach Spaß an der Lektüre von Speisekarten hat, der kommt nicht an dem Restaurantführer »Sylt à la carte« (Eiland-Verlag, www.sylt-a-la-carte.de) vorbei. Er wird jährlich aktualisiert und ist gespickt mit vielen lesenswerten Informationen.

Insider Tipp

Mehr als ein Langeweileprogramm für Regentage

Vom Biobrot bis zum Strandkorb: Die schönsten Mitbringsel sind die, die wirklich von der Insel kommen

Einkaufen macht richtig Spaß auf Sylt: Viele nette Fußgängerzonen laden zum Bummeln ein, und in den zahlreichen Cafés und Bistros kann man zwischendrin gut eine Pause einlegen. Die Geschäfte haben sich alle auf Urlauber eingestellt, denn die wenigen Einheimischen würden ihr Überleben kaum sichern. Deshalb darf man sich auch nicht über die zahllosen Juweliergeschäfte wundern, Teppichläden, Galerien und Einrichtungsgeschäfte. Der Urlaub ist die ideale Zeit für besondere Einkäufe – ohne Terminstress und im Beisein des Partners bringt der Einkauf gleich doppelt so viel Spaß. Lassen Sie sich doch einfach einen Gutschein für einen Einkaufsbummel auf Sylt schenken, das erspart garantiert das oftmals unerfreuliche Umtauschprozedere ...

Drei Ortschaften, Kampen, Keitum und Westerland, sind mittlerweile *die* Einkaufszentren der Insel. Das Schöne ist, dass sie sich nicht nur vom Flair, sondern auch vom Angebot her unterscheiden. Wer in Kampen einen Einkaufsbummel plant, sollte die goldene Kreditkarte in der Tasche haben. Die führenden Modemarken haben nun mal ihre Preise, und ob Paris, New York oder Kampen – da gibt es kaum Unterschiede.

Der Strönwai ist die Kampener Haupteinkaufsstraße. Doch auch in der parallel dazu verlaufenden Kurhausstraße, an der durch den Ort führenden Hauptstraße und am zum alten Ortszentrum führenden Braderuper Weg haben sich immer mehr Ladengeschäfte angesiedelt. Jüngstes Opfer dieser »Boutiquisierung« war die Kampener Tankstelle. An deren Stelle entstand ein neues Ladenensemble. In Kampen haben sich überdurchschnittlich viele Juweliere (insgesamt neun!) niedergelassen, dazu gehört auch das Atelier der Goldschmiedin Susanna Dünne.

In Keitum geht es beschaulicher zu. Die Läden und Ateliers liegen

Die Anhänger der Schöner-wohnen-Fraktion zieht es zum Shopping vor allem nach Keitum, z. B. hier ins Hüs bi Hüs

»Wenn ich einmal reich wär ...« – Schaufenster in Kampen

nicht an großen Straßenzügen, sondern oft versteckt in kleinen Seitenstraßen unter historischen Dächern. Zwar finden sich auch hier zunehmend Bekleidungsgeschäfte, doch gilt es immer noch als das Dorf der Kunsthandwerker, deren Arbeiten allesamt von sehr hohem Niveau sind – die Betonung von Kunsthandwerk liegt hier auf der ersten Silbe. Auf dem Hof von Bauer Findeisen im Siidik gibt es ein neues Spezialitätengeschäft: Das *Friesische Käselädchen* bietet regionale Köstlichkeiten in Biolandqualität.

In Westerland hingegen werden jene fündig, die auf der Suche nach klassischen Souvenirs sind. In der Friedrichstraße und der Strandstraße bleiben praktisch keine Wünsche offen. In der Saison finden außerdem in Hörnum, List, Wenningstedt und Westerland regelmä-

ßig Trödelmärkte statt. Von Kunst bis Kitsch wird hier alles angeboten. Die Termine sind Plakaten und Veranstaltungskalendern zu entnehmen.

Viele Gäste sind auf der Suche nach einer Urlaubserinnerung, die einen tatsächlichen Bezug zur Insel hat. Ungezählte Produkte schmücken sich zwar mit dem Namen »Sylt«, haben aber in Wirklichkeit mit Sylt nicht das Geringste zu tun. Das ärgert auch einige Unternehmer, die eine Interessengemeinschaft gegründet haben, deren Ziel die Schaffung eines Sylter Qualitätssiegels ist. Echte Sylter Produkte sind meistens zum Verzehr gedacht und eignen sich daher nur bedingt zum Mitnehmen. Dafür sind sie aber richtig lecker wie etwa die Milch von Bauer Nielsen aus Morsum, die Sie in vielen Supermärkten bekommen. Biobrot, das vom Samen bis zum Endprodukt auf Sylt entsteht, bekommt man im Körnerladen in Braderup. Und natürlich gehört in diese Aufzählung die Auster Sylter Royal, die seit Mitte der Achtzigerjahre wieder in der Austerncompagnie in List geerntet und deutschlandweit versendet wird.

Andere Produkte können Sie dafür auf Vorrat kaufen – als erste Hilfe, falls Sie das Inselheimweh überfällt: beispielsweise das Mineralwasser der Sylt-Quelle aus Rantum oder die »Echt Sylter Brisen-Klömbjes«, ein spezieller Bonbon, den es gleich in mehreren Geschmacksrichtungen gibt. Dann locken noch die Sylter Teemischungen, beispielsweise der Teemanufaktur von Ernst Janssen. Seit 300 Jahren hat das Teetrinken auf Sylt Tradition. Schönheitsprodukte gibt es von der Firma Sypharm, die mit der schadstofffreien Sole der Sylt-Quelle die Kosmetikreihe Thermasol produziert *(www.sylterthermasol.de)*. Und nicht vergessen seien die Druck-

erzeugnisse des Sylter Eiland-Verlags. Den »Großen Sylt Kalender« mit Aufnahmen des bekannten Fotografen Hans Jessel muss man sich allerdings zeitig sichern, er ist zum Ende des Jahres meist schon vergriffen.

Wem das alles zu popelig ist, der nimmt sich am besten einen handgearbeiteten Strandkorb von Sylt mit. Und wessen Terrasse dafür zu klein ist, der kann sich in vielen Tischlereien immerhin maßgeschneiderte Friesenbänke und -tische anfertigen lassen.

Auf Grund der vielen Apartments und Zweitwohnungen, die eingerichtet werden wollen, haben sich auf Sylt auch viele Geschäfte niedergelassen, die sich der Wohnkultur verschrieben haben. Wer auf der Suche nach schönen Wohnaccessoires ist, wird u. a. fündig in *Anne Hoppe* in *Westerland (Norderstr. 24)*, in der *Möbel-Deele* in *Kampen (Hauptstr. 1)* oder bei *Hüs bi Hüs* in *Keitum (C.-P.-Hansen-Allee 3)*.

Bernstein

Wie erkennt man das »Gold des Nordens«?

Mit Glück kann man an der Sylter Küste fündig werden. Insbesondere nach Stürmen spuckt das Meer seinen Schatz an den Strand. Nun gilt es nur noch, Bernstein und gelben Flint (Feuerstein) nicht zu verwechseln. Da Bernstein aus dem Harz untergegangener Wälder (Jahrmillionen vor unserer Zeit) entstanden ist, ist sein Gewicht viel geringer. Deshalb muss man im Spülsaum suchen, neben Federn, Muscheln oder Tang. Wer unsicher ist, sollte sein (meist kleines) Fundstück leicht an die Zähne schlagen: Klingt es dumpf wie Kunststoff, ist es vermutlich Bernstein. Oder man nimmt ein Streichholz zu Hilfe, Bernstein brennt – daher auch sein Name.

Feste, Events und mehr

Höhepunkte sind Biikebrennen, Meerkabarett und Surf World Cup

Ganzjährig

In der Keitumer St.-Severin-Kirche finden immer mittwochs um 20.15 Uhr hörenswerte *Orgelkonzerte*

Ende September: Surf World Cup

statt. Ob Matthias Eisenberg, einst Organist des Leipziger Gewandhausorchesters unter Kurt Masur, persönlich die Register der neuen Orgel zieht, oder Gäste wie der berühmte Klarinettist Giora Feidman aufspielen – die Vorführungen sind schon der Atmosphäre wegen ein Erlebnis. *www.st-severin.de*

21. Februar

Zum *Biikebrennen,* dem »Nationalfest« der Sylter, scheint die Insel Feuer zu speien – jeder Ort versucht, die Biike der Nachbargemeinde an Größe zu übertrumpfen. Erst wenn die Strohpuppe (oder Tonne) ins Feuer gefallen ist, darf man an Abmarsch denken.

März

Jedes Jahr versuchen beim *Syltlauf* bis zu 1200 Läufer, die Insel von Süd nach Nord im Dauerlauf zu bezwingen. Dabei muss eine Strecke von 33 333 m überwunden werden *(Tel. 325 66, www.syltlauf.de).*

Himmelfahrt

Beim *New Orleans Jazz Festival* wird in verschiedenen Ortschaften ordentlich eingeheizt. Der Eintritt ist frei, und Stände mit kreolischen und US-amerikanischen Leckereien sorgen für die nötige Kalorienzufuhr. Auskunft: *Tel. 820 20*

Pfingsten

Beim *Jever Cup* der Hobie Cats heißt es »Leinen los!« vor Westerland. Die besten Catsegler treten gegeneinander an, oftmals um die Deutschen Meisterschaften auszutragen. Mit Rahmenprogramm. Auskunft: *Tel. 228 43, www.supersail-sylt.de*

Juni–September

In Rantum hat sich die Sylt-Quelle zu einer *Kulturquelle* gemausert. Neben Ausstellungen finden spannende Krimilesungen statt, und zu ungewöhnlicher Zeit werden **ungewöhnliche Kinofilme** in der Lagerhalle der Mineralwasser-firma gezeigt. Auskunft: *Tel. 920 33*

Insider Tipp

Juli/August

Zwei Monate lang darf auf Sylt gelacht werden: Dann gastiert das ★ *Meerkabarett* im blauen Zelt auf dem Flughafen. Die Missfits, Marlene Jaschke oder der Cirque Invisible locken nicht nur die kühlen Nord-deutschen aus der Reserve. Auskunft: *Theater Fliegende Bauten, Tel. 47 11 oder 040/39 90 72 66, www.fliegende-bauten.de.*
Zur gleichen Zeit steht auf Sylt ein weiteres Zirkuszelt: Der *Insel-Circus* lädt jeden Abend um 17 Uhr zu Vorstellungen mit internationalen Künstlern der Jugend- und Kinder-zirkusszene. Auskunft: *Kurverwaltung Wenningstedt, Tel. 44 70*

Ende Juli/Anfang August

Bei den *German Polo Masters* in Keitum liefert sich die internationale Elite der Polospieler mit über 100 Vollblutpferden Polomatches der Spitzenklasse. Auskunft: *Tel. 030/ 801 22 20, www.polo-sylt.de*

Letzte Septemberwoche

In Westerland findet mit dem *Surf World Cup* eines der größten Fun-sportevents Europas statt. Die welt-besten Surfer zeigen ihr Können, das man von der Promenade aus miterleben kann. Auch an Land wird den Zuschauern einiges geboten. In einem überlangen Festzelt wird für das leibliche Wohl der Gäste gesorgt. Für die Bewegungsfreudigeren gibt es Beachvolleyball, Inlineskating oder auch Bungeejumping. Die legendären Partys im Hangar des Flughafens lassen den Cup auch für Nichtsurfer zum Erlebnis werden.

26. Dezember

Am zweiten Weihnachtstag sind in Westerland die ganz Coolen unterwegs: Beim *Weihnachtsbaden* steigen rund 100 Wagemutige unter Applaus ins kalte Meer. Ein Riesenspaß für Zuschauer und Teilnehmer gleichermaßen.

In Keitum: German Polo Masters

Von Archsum bis Westerland

Stille Friesendörfer und Ländlichkeit am Watt, lebhafte und familiäre Badeorte an der Strandseite

ARCHSUM

Auf Sylt können Sie sich ruhig einen Korb geben lassen

[104 B3–4] Archsum, das kleinste Dorf der Insel (300 Ew.), findet man im ruhigen Osten von Sylt, auf dem Weg von Keitum nach Morsum. Größe und Bekanntheitsgrad scheinen hier miteinander zu korrespondieren – so viele auch mit dem Namen Sylt etwas anfangen können, der Name Archsum ist kaum jemandem geläufig. Die daraus resultierende Ruhe ist ein Geschenk. Verstreute alte Höfe (man lebte bis in die Siebzigerjahre noch von der Landwirtschaft) liegen in einer einzigartigen Wiesenlandschaft, die bis zum Bau des Nössedeiches in den Dreißigerjahren bei Sturm regelmäßig unter Wasser gesetzt wurde. Die zahlreichen einstigen Priele durchziehen heute noch die Landschaft. Im Sommer sind sie **Anglerparadies** (Informationen erteilt die Kurverwaltung), im Winter trifft man hier die Sylter Schlittschuhläufer. Der Ort ist – wie alle »um«-Orte in dieser Region – eine

Eine der schönsten Landmarken auf Sylt: das 38 m hohe Leuchtfeuer »Rotes Kliff« von 1855 in Kampen

Gründung von Friesen, die ca. 800 n. Chr. einwanderten.

Da der Fremdenverkehr die östlichen Inseldörfer erst in den letzten Jahren erreichte, hat sich in Archsum noch viel friesisches Brauchtum erhalten wie die vom Aussterben bedrohte Sprache der Sylter, das Söl'ring, das man hier noch am ehesten hören kann. Zum Beispiel wenn am zweiten Samstag im August die Archsumer ihr **Dorffest** feiern (Mussprogramm eines jeden Einheimischen) oder immer zu Pfingsten das traditionelle Ringreiten veranstalten. Dafür werden auf der Festwiese zwei Pfosten aufgestellt, zwischen denen in ca. 3 m

Insider Tipp

Insider Tipp

Höhe ein Band gespannt ist, an dem in der Mitte ein Messingring hängt. Diejenigen, die Ringreiterkönig (oder -königin) werden möchten, versuchen den Ring mit einer langen Lanze zu »stechen«, während ihr Pferd in vollem Galopp die Pfosten passiert. Das ist gar nicht so einfach, zumal sich die männlichen Teilnehmer vorher gerne Mut zuprosten.

SEHENSWERTES

Hünengräber

Wer bei Archsum am Deich entlangspaziert, wird bei Ebbe am Deichfuß große Findlinge im Watt liegen sehen, die bei jeder Flut »untertauchen«. Dies sind einstige Hünengräber. Ein schöner Beleg dafür, dass weite Siedlungsflächen längst vom Meer verschlungen wurden, denn als die Gräber vor rund 5000 Jahren gebaut wurden, lag der Meeresspiegel noch 10 m tiefer.

ESSEN & TRINKEN

Alte Schule

Gutbürgerliche norddeutsche Küche. Hier bekommt man noch so traditionelle Gerichte wie Fliederbeersuppe oder Birnen, Bohnen und Speck. *Di geschl., Dorfstr. 6, Tel. 89 15 08, €*

ÜBERNACHTEN

Parkresidenz Christian VIII.

Der königliche Name ist hier auch Programm: luxuriöse Romantik mit Schwimmbad, Sauna und einer Liegewiese mit Strandkörben. *22 Suiten, Heleeker 1, Tel. 970 70, Fax 97 07 77, www.christianviii. de, €€€*

AUSKUNFT

Kurverwaltung Archsum

Dorfstr., 25980 Sylt-Ost, Tel. 337 44, Fax 337 47, www.sylt-ost.de

Haie vor Sylt?!

Was da aus dem Wasser ragt, ist nur die Rückenfinne eines Wals

Die Wahrscheinlichkeit, an deutschen Küsten Wale zu sichten, ist nirgends größer als auf Sylt. Vor allem bei östlichen Winden sind die kleinen Schweinswale hinter der Brandungszone leicht auszumachen, denn beim Vorbeiziehen oder Fischen taucht die dreieckige Rückenfinne auf (was manchen schon zum Haialarm veranlasst hat ...). Im Seegebiet vor Sylt leben rund 6000 der völlig ungefährlichen, delphinähnlichen Tiere, die hier im Juni ihre Kälber zur Welt bringen. Da sie durch Stellnetzfischerei und Schadstoffe gefährdet sind, wurde 1999 vor Sylt das erste deutsche Walschutzgebiet eingerichtet. Größere Säuger wie Finn- oder Pottwale kommen hier nicht vor, es sei denn, sie stranden, wie es Mitte der Neunzigerjahre geschah.

BRADERUP

[100 B–C6] Im Jahr 1540 wird die an der Ostküste der Insel liegende Siedlung, vermutlich eine dänische Gründung, erstmals erwähnt. Seit 1927 bildet sie mit Wenningstedt ein »Doppelpack«. Dabei ist Braderup heute die vornehme Adresse dieser Gemeinde. Gepflegte Reetdachanwesen am Watt liegen preislich nicht weit unter dem Kampener Niveau. Dementsprechend ist auch die Sozialstruktur, die Zweitwohnungen überwiegen, sodass auf 120 Einwohner 180 (gemeldete) Zweitwohnungsbesitzer kommen.

Das Dorf ist eingebettet in eine stille Weide- und geschützte Heidelandschaft, ideal für Urlauber die gerne wandern, radeln und Ruhe suchen. In Braderup gibt es sogar noch Landwirtschaft auf zwei Höfen. Beide werden nach ökologischen Gesichtspunkten bewirtschaftet und verkaufen ihre frischen Produkte direkt am Haus *(Körnerladen, M.-T.-Buchholz-Stig 1; Erdbeerparadies Volquardsen, Lojthoog Wung)*.

SEHENSWERTES

Naturschutzgebiet und Naturzentrum Braderuper Heide

★ Das rund 140 ha große Gelände am nördlichen Rand des Ortes ist von Fußwegen durchzogen und stellt so eine herrliche Wanderalternative zum Strand dar. Es ist ein einzigartiger Lebensraum von bis zu 2500 (Klein-)Tier- und Pflanzenarten; von Letzteren stehen ca. 45 Prozent auf der roten Liste der bedrohten Arten. Betreuender Verein, der auch Führungen anbietet, ist die Naturschutzgemeinschaft Sylt e. V., der älteste Naturschutzverein Schleswig-Holsteins. Er hat seinen Sitz im *Naturzentrum (April–Okt. Mo–Sa 10–12 und 14.30–18 Uhr, M.-T.-Buchholz-Stig 1, Tel. 444 21),* wo sehenswerte naturkundliche Ausstellungen, ein Gesteins- und ein Kräutergarten zu besichtigen sind.

Insider Tipp

ESSEN & TRINKEN

Landgasthof Weißes Kliff
Traditionelles Haus mit guter gutbürgerlicher Küche. *Mi geschl., M.-T.-Buchholz-Stig 9, Tel. 430 08, €–€€*

EINKAUFEN

Antiquitäten Havenstein
Spezialist für gusseiserne Fenster. *M.-T.-Buchholz-Stig 9*

Leder- und Modewerkstatt
Gewandmeisterin Margrit Werner-Book schneidert Unikate aus feinem Leder. *M.-T.-Buchholz-Stig 1*

Manufaktur
Rustikale, handgefertigte Ledersachen in gemütlichem Ambiente. *M.-T.-Buchholz-Stig 9*

ÜBERNACHTEN

Enkelmann
In Braderup gibt es viele schöne Wohnungen zu mieten. Die größte Auswahl bietet Enkelmann. *Tel. 93 50 47, Fax 93 50 49, www.sylt-appartements.de, €€–€€€*

Weißes Kliff
Hotel in historischem Gebäude, von einem weit gereisten Kapitän

Im lebhaften Hörnumer Hafen können Sie manchmal frisch vom Kutter kaufen, was den Fischern ins Netz gegangen ist

erbaut. *6 Zi., M.-T.-Buchholz-Stig 9, Tel. 430 08, Fax 44 64 03, €*

AUSKUNFT

Kurverwaltung Wenningstedt-Braderup
Strandstr. 25, 25996 Wenningstedt, Tel. 44 70, Fax 447 40, www. wenningstedt.de

HÖRNUM

[107 E4–5] Das Schönste an Hörnum ist die Natur drumherum. Düneneinsamkeit und kilometerlanger Strand an der Westseite als auch am Wattenmeer suchen ihresgleichen. Da sieht man dem kleinen Ort seinen eigenwilligen »Charme«, den er den vielen Militärbauten verdankt, schon mal nach. Hier wird Familienfreundlichkeit groß geschrieben. Man findet im Ort einen gut sortierten Lebensmittelmarkt, ein nettes Café nebst Bäckerei, ausreichend Restaurants und kleine Souvenirläden. Mittelpunkt des Ortes ist der quirlige Hafen, von dem die Ausflugsschiffe zu den Nachbarinseln Föhr, Amrum und zu den Halligen starten. Seit ein paar Jahren hat das Hafenbecken im Sommer eine neue Attraktion: Willi, eine vorwitzige Kegelrobbe, ist der mühevollen Jagd nach Frischfisch offenbar überdrüssig geworden und lässt sich mit Matjes und Krabben füttern. Dabei ist Willi eigentlich eine Dame und ein ungewöhnliches Exemplar ihrer Gattung, gelten Kegelrobben im Vergleich zu Seehunden doch als ganz besonders scheue Tiere.

Schönstes Bauwerk der südlichsten Sylter Gemeinde (1000 Ew.) ist der 1907 errichtete Leuchtturm, der zu den ersten Gebäuden des Ortes zählt und ein paar Jahre lang den wenigen Kindern als Schulhaus diente. Vormals war Hörnum nicht viel mehr als ein saisonales Seeräubernest.

Hörnums Entwicklung begann mit den Ausflugsschiffen der Hapag. Die Reederei kaufte 1901 einen Teil des Inselsüdens, baute Anlegebrücke und Gasthaus und entließ hier die von Hamburg im Fährschiff ankommenden Badegäste. Die Inselbahn nach Westerland sorgte dafür, dass die Gäste umgehend wieder verschwanden, sodass es dem Militär vorbehalten war, Entwicklungshilfe zu leisten. Das geschah im Zuge der Aufrüstung zum Ersten Weltkrieg genauso wie im Dritten Reich, als Hörnum Seefliegerhorst wurde. Die großen Kasernen am Ortseingang stellen seit dem Abzug der Bundeswehr nur eines der Hörnumer Probleme dar. Der Bund bekommt seine Liegenschaften ebenso wenig verkauft, wie die Gemeinde in der Lage ist, die gewaltigen Baukörper mit neuem Leben zu füllen, die in ihrem gegenwärtigen Zustand nicht unbedingt Heiterkeit versprühen.

Der Wunsch der Gemeinde, vom touristischen Kuchen ein größeres Stück zu ergattern, hat sich zu einem weiteren Problem entwickelt. Ein potenzieller Investor versprach, an Stelle des maroden Kurhauses (die so genannte »Käseschachtel von Hörnum«) ein schickes Familien- und Kinderhotel mit Namen »Blauer Vogel« in das reizende Dünental zu bauen. Nun scheint es, als sei der Vogel davongeflogen und habe die blauäugigen Hörnumer auf ihren Träumen sitzen lassen.

SEHENSWERTES

Hörnum-Odde

★ Das südliche Inselende sollte jeder einmal umwandern. Dauerte die Umrundung früher noch 3,5 Stunden, schafft man es heute in knapp der Hälfte der Zeit, so viel Strand ist durch Sturmfluten schon fortgespült worden. Führungen mit der *Schutzstation Wattenmeer (Tel. 88 10 93)* sind sehr informativ.

Schutzstation Wattenmeer

Sehenswertes naturkundliches Informationszentrum, untergebracht in der einstigen Schulbaracke und späteren ersten Kirche von Hörnum. *In der Saison Di–So 10–12 und 15 bis 18 Uhr, Eintritt frei, Spende erbeten, Rantumer Str. 27*

ESSEN & TRINKEN

Barbecue am Meer

Gemütliche Blockhütte mit Blick aufs Meer. *Nov.–Ostern Mo geschl., Strandübergang Höhe Greth-Skrabbel-Wai, Tel. 88 15 48, € – €€*

Fisch-Matthiesen

Gute Qualität und freundlicher Service, ein Bistro für den schnellen Hunger. *Tgl., Rantumer Str. 8, Tel. 88 17 73, €*

Café Lund

Paradiesische Zustände für Fans von leckerem Kuchen und selbst gemachtem Eis. Frühstück ab 9 Uhr, Mittagstisch ab 12 Uhr. *Tgl. 9–18 Uhr, Rantumer Str. 1, Tel. 88 10 34, €*

Rostiger Anker

Hier können Sie gutbürgerliche Gerichte in Hafennähe essen. *Di ge-*

7 km zieht sich Hörnums Strand bis zur Inselspitze, der Hörnum-Odde

schl., *Blankes Tälchen 8, Tel. 88 10 50, €€*

Hotel am Leuchtturm
Nettes, familiär geführtes Haus mit kleinem Schwimmbad. *16 Apartments, 3 Zi., An der Düne 38, Tel. 961 00, Fax 88 10 80, www.abc-sylt.de/hotel-leuchtturm, €€*

Jugendherberge Hörnum
Einstige Kaserne inmitten von Dünen, links und rechts das Meer. *170 Betten, Friesenplatz 2, Tel. 88 02 94, Fax 88 13 92, www.djh.de, €*

Hotel Seepferdchen
Ruhig am Rand des Naturschutzgebietes gelegen. *5 Apartments, 7 Zi., Odde-Wai 1, Tel. 963 00, Fax 96 30 33, www.hotel-seepferdchen.de, €*

Fahrradverleih
Claßen (Budersandstr. 27, Tel. 88 03 54); Angler-Shop (Rantumer Str. 25, Tel. 88 10 48)

Strände
Über 7 km feiner Sand; südlich der Haupttreppe finden sich die FKK-Strände, wer ein Stück gen Norden geht, kommt zum Hundestrand.

Strandsauna
Nach dem Schwitzen ab in die offene Nordsee! *Ostern–Okt. tgl. 11 bis 18 Uhr; 15 Euro, am Weststrand (neben Restaurant Barbecue)*

Insider Tipp!

Kurverwaltung Hörnum
Strandweg 2, 25997 Hörnum, Tel. 962 60, Fax 96 26 66, www.hoernum.de

ZIELE IN DER UMGEBUNG

Wer genügend Zeit hat, sollte unbedingt eine Schiffstour (in der Saison täglich) auf eine der beiden großen Nachbarinseln Föhr und Amrum oder auf die Halligen unternehmen. Die Aufenthaltsdauer auf den Inseln reicht je nach Tour und Wochentag von eineinhalb bis sechs Stunden. Auskunft und Fahrkarten bei *Adler-Schiffe, Boysenstr. 13, Westerland, Tel. 987 00*, oder am *Fahrkartenschalter Hafen Hörnum, Tel. 88 12 97, www.adler-schiffe.de*.

Amrum   [0]

Wittdün ist Haupt- und Hafenort. Hier sollten Sie keine Zeit vergeuden, sondern gleich in einen der bereitstehenden Busse steigen, die Sie nach Norddorf und Nebel bringen. Das etwa 30 km² große Amrum eignet sich wunderbar für eine *Inseltour per Rad* (mitnehmen oder im Ort zu mieten). Auf netten und gut ausgeschilderten Fahrradwegen kommen Sie über Steenodde nach *Nebel*. Dieser entzückende Ort ist ein wenig die Kleinausgabe von Keitum. Vor der St.-Clemens-Kirche stehen beeindruckende Kapitänsgrabsteine, in der alten Mühle befindet sich das Heimatmuseum, und das Öömrang Hüs zeigt friesische Wohnkultur.

Knapp 4 km weiter liegt das gemütliche *Norddorf* – überhaupt geht hier alles ruhiger zu als auf Sylt – mit einer freundlichen Einkaufsstraße und dem schönen alten Hotel Hüttmann. Der an manchen Stellen fast 1500 m breite Amrumer Weststrand *Kniepsand* hat hier Normalmaß: nur wenige Schritte, und Sie sind am Meer. Der Rückweg durch den westlichen Waldgürtel (Windschutz!) führt am 63 m hohen ⚑ *Leuchtturm* vorbei *(April–Okt. Mo–Fr 8.30–12.30 Uhr)*. Nach knapp 20 km Gesamtstrecke sind Sie wieder in Wittdün.

Auskunft: *Amrum Touristik, Tel. 04682/940 30, Fax 94 03 20, www. amrum.de*

Föhr   [0]

Da Föhr mit 82 km² mehr als doppelt so groß wie Amrum ist, muss man sich beschränken. Das fällt insofern leicht, als *Wyk* – Hauptort und Hafen – ein freundliches Städtchen ist. Auch hier geht alles gemütlicher als auf Sylt zu. Die Fußgängerzone und die Promenade liegen gleich gegenüber vom Anleger. Sie sind gesäumt von netten Cafés und Restaurants. Wer hier einen Platz ergattert, kann schlemmen

Die Kieferknochen eines Blauwals markieren den Zugang zum Friesenmuseum in Wyk auf Föhr

und schauen, denn das Wyker Strandleben findet gleich vor der Tür statt. Wer sich ein wenig für (Heimat-)Geschichte interessiert, muss unbedingt einen Blick in das **Dr. Carl-Häberlin-Friesenmuseum** *(März–Okt. Di–So 10–17 Uhr)* werfen. Die Ausstellungen sind zum Glück noch von keinem Museumspädagogen modernisiert worden … Der Eingangsbereich der Anlage ist mit den gewaltigen Unterkieferknochen eines Blauwals geschmückt, die als beeindruckendes Tor aufgebaut sind.

Insider Tipp

Wer Trubel liebt, sollte sonntags nach Föhr fahren, dann ist am Hafen Fischmarkt. Wer die Beschaulichkeit vorzieht, mag die Insel erkunden: Er wird schnell feststellen, wie ländlich hier alles noch ist. *Nieblum,* 6 km westlich von Wyk, ist mit seinen vielen alten Häusern und dem Friesendom aus dem 13. Jh. wohl das schönste der 16 Inseldörfer. Wer bis nach *Dunsum,*

Oldsum oder *Süderende* fährt, fühlt sich wohl eher wie am Weltende. Hier im Westen fehlen Dünen oder große Strände, wie es sie auf den anderen Inseln gibt – Föhr hat eine geschütztere Lage, es liegt sozusagen im Windschatten von Amrum und Sylt, die man von hier aus bei klarer Sicht gut sehen kann. Auskunft: *Föhr Touristik, Tel. 04681/ 301 04*

Hallig Hooge [0]

Die meisten Gäste erwarten massive Halligromantik: Teepunsch trinkende Friesen mit einem freundlichen »Moin« auf den Lippen, dazu Vogelgezwitscher und Einsamkeit. Sie kehren alle ernüchtert heim. Heute werden zur Hochsaison Tausende von Gästen pro Tag (!) am Fähranleger ausgespuckt, die das kleine Eiland förmlich überschwemmen. Die Hooger gehen dann erst einmal auf Tauchstation. Trotzdem kann der Besuch ein Er-

Die Kirchwarft auf Hallig Hooge, der »Königin der Halligen«

lebnis werden. Da sind zuerst die Pferdekutschenbetreiber, die Sie am liebsten alle auf ihren Wagen zur Halligrundtour aufladen würden. Dann der Parcours durch die Leihräder und anschließend das »Bermudadreieck«. So nennen die Einheimischen das Warftentrio von Hans-, Backens- und Kirchwarft, weil hier – insbesondere auf den ersten beiden – der Fremdenverkehr absonderliche Blüten treibt. Wer das alles durchläuft, ohne größeren Schaden zu nehmen, wird Hooge mögen.

Verstreute Warften (Wohnhügel, da bei Sturmflut das Wasser sonst in die Häuser dringen würde), verbunden durch eine kleine Straße, weidende Kühe und Pferde, ein kleiner Hafen und rundherum ein Deich, auf dem man die Hallig auf einer »Tour de Natur« umwandern kann (ca. 3 Std.). Eine »Tour de Kultur« ist auf Hanswarft möglich. Hier befinden sich der *Königspesel*, das *Heimatmuseum*, ein *Sturmflutkino* sowie das *Infozentrum* der Schutzstation Wattenmeer. Auskunft: *Touristbüro Hallig Hooge, Tel. 04849/91 00, www.hooge.de*

Am Kampener Strand können Sie sich von den Anstrengungen des Nachtlebens erholen

KAMPEN

Karte in der hinteren Umschlagklappe

[100 B–C 3–4] Kampen liegt inmitten einer traumhaften Naturlandschaft. Dünen, Heide, Hünengräber, Watt, offene Nordsee, Kliff und Strand sind nur einige Highlights des Ortes (700 Ew.) – und trotzdem: Wer an Kampen denkt, hat oft etwas anderes im Sinn. Dieser Ort scheint als Synonym für alle Vorurteile zu stehen, die man mit Sylt

verbindet: teuer, dicke Autos, flotte Bienen, Jetset (der kümmerliche Rest …), Schickimickis. Auch das stimmt. Aber wenn man bedenkt, dass das Jahr 365 Tage hat, herrscht in 85 Prozent der Fälle auch hier Normalität. Im Juli und August jedoch tanzt der Bär in Kampen. In der Whiskystraße, deren richtiger Name »Strönwai« kaum noch jemandem geläufig ist, wird flaniert, promeniert und taxiert – auf höchstem Niveau. Wer als Unbeteiligter dem Treiben zusieht, mag sich fragen, warum die (Möchtegern-)Prominenz gerade Kampen auserkoren hat. Dies hängt vor allem mit der jüngeren Geschichte des Ortes zusammen.

Die unberührte und gewaltige Natur zog Mitte und Ende des 19. Jhs. Maler nach Kampen, deren

Architektonisch unverschandelt: Das Reetdach ist in Kampen vorgeschrieben

Landschaftsgemälde damals eine ähnliche Wirkung hatten wie heute ein Werbeprospekt. Das Interesse war so geweckt. Ausschlaggebend für Kampens Entwicklung war sicherlich, dass sich Ferdinand Avenarius, ein Neffe von Richard Wagner und Herausgeber der Zeitschrift »Kunstwart«, in Kampen 1903 ein Haus baute. Hier hielt er Hof, bekam Besuch von Künstlern und Literaten wie Stefan Zweig, Lovis Corinth, Hermann Hesse, Käthe Kollwitz – um nur wenige zu nennen –, die den Ruf Kampens mehrten. 20 Jahre später war Kampen en vogue. Im Haus Kliffende, das heute gefährlich nah an der Abbruchkante steht, erholten sich neben Emil Nolde auch Thomas Mann, der Dirigent Erich Kleiber oder der Verleger Ernst Rowohlt. Dessen Kollegen Siegfried Jacobsohn und Peter Suhrkamp besaßen bald ein eigenes Reetdachdomizil, das sie teilweise ihren Autoren zur Verfügung stellten. So kamen Ernst Penzoldt oder Max Frisch nach Kampen. »Man badet hier nackt, und das ist herrlich …« schrieb Letzterer.

Dass man die Kampener FKK-Kultur auch mit anderen Augen sehen kann, zeigt eine Bemerkung von Marcel Reich-Ranicki. Er kam Jahre später nach Sylt und erblickte am Strand nur »Quadratkilometer Schamhaar«. Spätestens nachdem Gunter Sachs mit seiner kurzfristigen Gemahlin Brigitte Bardot in den Sechzigerjahren nach Kampen kam und den legendären Jetset im hohen Norden einführte, war es mit Kampens Unschuld vorbei. Die Massen kamen, um an den viel zitierten Herrlichkeiten teilzuhaben, woraufhin die Prominenten entweder schleunigst die Flucht ergriffen oder den Gärtner bestellten, um die Gartenhecken dichter und höher zu setzen. Wer erfahren möchte, wo all diese illustren Persönlichkeiten logierten und was sie hier erlebten, sollte sich die *Dorfführung »Auf den Spuren der vergessenen Künstler von Kampen« (Silke von Bremen, Tel. 355 74)* nicht entgehen lassen.

Ernst Penzoldt war auf Grund der reetgedeckten, »zottigen« Dächer der Ansicht, »in der Dämmerung könnte man das Dorf für eine weidende Mammutherde halten«. Bereits 1913 hatten die Kampener ein bemerkenswertes Ortsstatut erlassen, das Reetdach und roten Klinker für alle Neubauten vorschrieb. Den damaligen Gemeindevätern können die Kampener für diese Weitsicht heute noch dankbar sein. Denn wenn auch viel zu viel gebaut wurde, immerhin ist das Bemühen eines einheitlichen Stils erkennbar. Manche Architekten errichten für eine nostalgiebewegte Käuferschicht zwar eher Friesenhauskarikaturen, überladen mit neobarocken Elementen, aber über Geschmack lässt sich bekanntlich streiten. Die Preise verschlagen einem schon eher die Sprache, ab 2,5 Mio. Euro kostet eine kleine Friesenhütte.

Rotes Kliff und Uwe-Düne

★ Bis zu einer Höhe von 35 m ragt an der Westküste fast senkrecht das Rote Kliff auf. Die hier zu Tage tretenden Erdschichten gehören zu der vor 120 000 Jahren abgelagerten Moräne der Saale-Eiszeit. Auf dem Kliff liegt die ◀▮▶ Uwe-Düne, deren Kuppe mit fürs Flachland recht bemerkenswerten 52 m die höchste Erhebung von Sylt darstellt. Über eine Treppe kann man

den Sylter Berg erklimmen. Von hier oben haben Sie einen grandiosen Rundumblick über die Insel.

Vogelkoje

★ Zu den von dem Heimatverein Söl'ring Foriining betreuten Liegenschaften gehört auch diese historische Entenfanganlage im Norden von Kampen. Vogelkojen sind künstliche Teichanlagen aus dem 18. Jh., die man schuf, um Wildenten während des Vogelzuges zum Ausruhen zu verführen. Mittels eines trickreichen Systems konnten die zu Wasser gegangenen Enten vom Kojenwärter gefangen und geringelt (eleganter Begriff für »Hals umdrehen«) werden. Tausende von Enten wurden so im Jahr erlegt. Die Anlage gehört heute zu den Sylter Naturschutzgebieten. *Ostern–Sept. Di–So 10–16 Uhr, 1,70 Euro, Kinder 0,85 Euro, Lister Str.*

Dorfkrug Rotes Kliff

Wohlfühlatmosphäre, gute ländlich-norddeutsche Küche ohne Tellerikebana, familiäre Bedienung. *Tgl., Alte Dorfstr. 3, Tel. 435 00, €–€€*

Gogärtchen

Der Promitreff in der Restaurantszene. Elegantes Ambiente, dazu mediterrane Küche. Anschließend geht man in die Champagnerbar des Hauses. *Mittags geschl., Strönwai 12, Tel. 412 42, €€–€€€*

Grande Plage

◀▮▶ Direkt am Strand nördlich vom Haus Kliffende thront 8,5 m über dem Meeresspiegel das neueste Restaurant von Kampen. Leider wurde es erst nach Redaktions-

Idyllischer Kaffeegarten mit Wattblick: die Kupferkanne in Kampen

schluss eröffnet, aber eines ist klar: Die Lage ist sensationell! Mit Sauna. *Tgl., Tel. 88 60 78, € – €€*

Kupferkanne

★ Originelles Café, das mit seinem unterirdischen Labyrinth wortwörtlich unbeschreiblich ist. Traumhafte Gartenanlage, sensationeller Kuchen, Kaffee aus eigener Rösterei. *Tgl., Stapelhooger Wai, Tel. 410 10, €*

Manne Pahl

Gelungene schweizerisch-friesische Liaison. Gläserne Terrasse zur Straße, hier entgeht einem nichts. Reelle Küche, guter Kuchen. Beliebter Treffpunkt. *Tgl., Zur Uwe-Düne 2, Tel. 425 10, € – €€*

Sturmhaube

Gerade renoviert befinden sich hier in schönster Lage *Emma's* – ein American Diner –, das *Restaurant* –

sehr großzügig, mit offener Küche – und ein *Café. Tgl., Riperstig 1, Tel. 99 59 40, www.sturmhaube.de, € – €€€*

EINKAUFEN

In Kampen sind alle Labels von Armani, Bulgari, Cartier bis Louis Vuitton zu erstehen. Wer es origineller liebt, sollte einen Spaziergang durch die zahlreichen Galerien machen – letzte Reminiszenz an die Zeit, als Kampen von Künstlern entdeckt wurde.

Galerie Herold

Im Haus Meeresruh zeigt Rainer Herold vornehmlich Werke norddeutscher Künstler. *Braderuper Weg 4*

Galerie Peerlings

Kunst des 20. Jhs., wer ein Fan von Klaus Fußmann ist, ist hier richtig. *Kurhausstr. 7*

Galerie Pels-Leusden

⭐ Die Königin unter den Galerien finden Sie im schönsten Keller von Kampen. Museumsreife Werke der klassischen Moderne: Max Beckmann, George Grosz, Karl Hofer, Franz Marc, Max Pechstein und Emil Nolde. *Hauptstr. 8*

Sprotte

Seit knapp 50 Jahren ist Siegward Sprotte in Kampen ansässig, eine Legende zu Lebzeiten. Das Atelierhaus ist im weitesten Sinne ein Geistestempel. Die Atelierkonzerte und Gespräche sind erlebenswert. *Alte Dorfstr. 1*

Insider Tipp

Rungholt

Traditionsreiches Familienhotel in Traumlage. Neuer Wellnessbereich mit Schwimmbad. In der Reiterbar fühlt man sich wie auf einem Kreuzfahrtschiff. *21 Zi., 17 Suiten, Kurhausstr. 35, Tel. 44 80, Fax 448 40, www.hotel-rungholt.de, €€€*

Insider Tipp

Village

Luxuriöses Design unter Reet. Wellnessbereich, ein kleiner Smart als Leihwagen am Haus. *9 Zi., 5 Suiten, Alte Dorfstr. 7, Tel. 469 70, Fax 46 97 77, www.village-kampen.de, €€€*

ÜBERNACHTEN

Golf- und Landhaus

Nicht nur für Golfspieler. Englischer Landhausstil, freundlicher Service, dazu Schwimmbad und Sauna. *7 Zi., 5 Suiten, Braderuper Weg 12, Tel. 469 10, Fax 46 91 11, www.abc-sylt.de/landhaus-kampen, €€€*

Hotel Görlich

Am Nordrand des Ortes, gutes Frühstück, Restaurant nur für Hotelgäste. *15 Zi., Hoogenkamp 3, Tel. 945 60, Fax 452 95, €€*

Landhaus Südheide

Stilvolles Hotel in einem historischen, 1763 erbauten Kapitänshaus. *15 Zi., 5 Suiten, Sjipwai 4, Tel. 945 90, Fax 94 59 11, €€€*

Haus Rechel

Idyllische Lage, persönlich eingerichtet. *1 Apartment, 8 Zi., Kroghooger Wai 3, Tel. 984 90, Fax 98 49 44, www.haus-Rechel.de, € – €€*

FREIZEIT & SPORT

Fahrradverleih

O. Brodersen, Mittelstig, Tel. 451 72

Strände

Der 7 km lange Strand mit dem einst legendären Abschnitt Buhne 16 ist fast ausschließlich den Anhängern von FKK vorbehalten. Den Textilstrand finden Sie am Hauptübergang, wenige Hundert Meter südlich davon liegt der Hundestrand.

AM ABEND

Pony

Legendär, seit 40 Jahren der Lieblingsplatz der Beautiful People. Prominenz fällt nicht weiter auf, hier fühlt sich jeder pressereif. Dazuzugehören kostet allerdings auch entsprechend. *Ab 22 Uhr, Strönwai, Tel. 421 82*

Club Rotes Kliff

Diskothek für 17- bis 70-Jährige. Das superschicke Nachtleben kos-

Disko im Dorfkrug: Im Kampener Club Rotes Kliff trifft sich tout Sylt

tet zwar keinen Eintritt, dafür liegen die Preise der Drinks dicht an, wenn nicht jenseits der Schmerzgrenze. Gute Musik fördert die gute Stimmung, insbesondere an den »Special-Event«-Abenden. *Ab 23 Uhr, Braderuper Weg 3 (Dorfkrug), Tel. 434 00*

Sturmhaube/Willy's

Die Bar mit den schönsten Ausblicken! Zum Sonnenuntergang über dem Meer gibt es nicht minder bunte Cocktailträume, dazu Pianomusik oder kleine Disko. *Riperstig, Tel. 99 59 40*

AUSKUNFT

Kurverwaltung Kampen

Hauptstr. 12 (Kaamp Hüs), 25999 Kampen, Tel. 469 80, Fax 46 98 40, www.kampen.de

Zimmernachweis

Tel. 46 98 33

KEITUM

Karte in der hinteren Umschlagklappe

[103 E3–4] Der einstige Sylter Hauptort gehört zu den schönsten Dörfern Nordfrieslands. Verschlungene Wege, die von den prächtigsten Friesenhäusern der Insel gesäumt werden, durchziehen den verwinkelten alten Ortskern. Verlaufen ist hier vorprogrammiert und gehört zu einem Keitumbummel einfach dazu.

Die geduckten Reetdachhäuser stammen vorwiegend aus dem 18. Jh., einige sind noch älter. Die damalige wirtschaftliche Blütezeit, Sylts »Goldenes Zeitalter«, war eine Ära, in der fast jede Familie von der Seefahrt lebte. Die Männer befuhren als Handelsseefahrer alle Weltmeere, um mit Kostbarkeiten wie Gewürzen, Stoffen oder Tee nach Europa heimzukehren, andere machten als Walfänger ein Vermögen. Fast jeder Mann war fern der Insel, somit lagen die Geschicke der Familie und des Dorfes in den Händen der Frauen. Diese frühe Emanzipation merkt man den selbstbewussten Friesinnen heute noch an. Doch die Seefahrt ist längst Geschichte.

Heute leben auch die rund 700 Keitumer vom Fremdenverkehr, der allerdings spät Einzug hielt – das erste Hotel wurde erst 1970 eröffnet. Dann ging die Entwicklung rasant. Kaum ein Häuschen, das heute nicht teilweise vermietet wird. An Stelle von Läden für den täglichen Bedarf findet man jetzt elegante Boutiquen im Dorf, Designläden und Teestuben. Diese Entwicklung wird von den Einheimischen unterschiedlich beurteilt. Auf der einen Seite profitieren viele vom neuen Wachstum, doch die Kehrseite der Medaille sind exorbitante Immobilienpreise und in Folge Abwanderung der einheimischen Bevölkerung.

Früher hatte man andere Probleme. Die geschützte Lage des Dorfes am Wattenmeer, hoch gelegen auf dem Kliff, bewahrte den Ort davor, von Sturmfluten zerstört zu werden, wie es in den westlichen Nachbargemeinden fast an der Tagesordnung war – einer der Gründe, warum Keitum damals zum Hauptort der Insel avancierte. Außerdem gehörte zum Ort auch das bedeutendste Gotteshaus der Insel, die St.-Severin-Kirche, die etwas außerhalb auf einer erhöhten Geestkuppe liegt.

Als sich die Zeiten änderten und die ersten Badegäste den Strand bevölkerten, lief Westerland, mittlerweile elegantes Modebad, um 1900 Keitum den Rang ab. Man fuhr nur noch ins Dorf, um das einfache Leben der Insulaner zu bestaunen. Diese wiederum schauten misstrauisch auf die sich wandelnden Um-

Auch als Start- oder Zielpunkt einer Radtour zu empfehlen: Keitum

Die MARCO POLO Bitte

Marco Polo war der erste Weltreisende. Er reiste in friedlicher Absicht, verband Ost und West. Er wollte die Welt entdecken, fremde Kulturen kennen lernen, nicht zerstören. Könnte er heute für uns Reisende nicht Vorbild sein? Aufgeschlossen und friedlich sollte unsere Haltung auf Reisen sein. Dazu gehören auch Respekt vor Mensch und Tier und die Bewahrung der Umwelt.

gangsformen in den Kurorten und gründeten zur Rettung der Sylter Sitten und Bräuche 1906 die Söl'ring Foriining (»Sylter Verein«). Eine der ersten Amtshandlungen war die Schaffung der beiden Museen, die nach 100 Jahren immer noch eine der Hauptattraktionen des Dorfes sind. Sie liegen am Kliff und sind durch einen der schönsten ★ Wanderwege der Insel, den Kliffweg, miteinander verbunden. Max Frisch, der 1949 zu Fuß von Kampen nach Keitum lief, war so begeistert vom Idyll und von der üppigen Vegetation des Dorfes, dass er es »das grüne Vergessen« nannte.

Wenn der Himmel auf Sylt bedeckt ist, sprechen die Einheimischen von »Keitumwetter«, weil dann alles ins Friesendorf strömt. *Insider Tipp* Wer jedoch an einem Sonnentag nach Keitum kommt, wenn alle am Strand liegen, wird das Idyll in aller Stille genießen können. Denn eines der Hauptprobleme des Dorfes ist der Verkehr. Der Slogan der Kurverwaltung »Keitum ist zu Fuß am schönsten« und die Parkplätze am Ortseingang scheinen kaum jemanden zu interessieren. So stauen sich an vielen Tagen die Autos in den verwinkelten Gassen, die nicht für dieses Verkehrsaufkommen geschaffen sind. Empfehlenswert sind die *Insider Tipp* Dorfführungen *(SVG, Tel. 83 61 00),* Romantiker können per *Insi Tipp* Kutsche den Ort entdecken *(Paul Christiansen, Tel. 69 19; Peter Störtenbeker, Tel. 13 86).*

SEHENSWERTES

Historischer Ortskern

Nordöstlich des Gurtstigs, der Hauptstraße von Keitum, erstreckt sich zwischen Erich-Johannsen-Wai und Mühlenweg jener Bereich Keitums, in dem die schönsten Häuser des Ortes zu finden sind. Bei den verwinkelten Straßen fällt die Orientierung manchmal schwer, das macht aber nichts – jede Ecke ist schön!

St. Severin

Alle, die mit der Bahn anreisen, grüßt die hohe, frei stehende Kirche mit ihrem wuchtigen Kirchturm, der erst Mitte des 15. Jhs. aus Ziegelsteinen aufgemauert wurde und anfänglich mehr als Seezeichen diente. Das Keitumer Gotteshaus ist das größte mittelalterliche Bauwerk der Insel. Seine Anfänge (Chor und Apsis) stammen vermutlich aus dem 12. Jh. Die Kirche ist innen und außen schlicht gehalten, Schmuckstücke sind der gotische Flügelaltar und die Renaissancekanzel. Ältestes

Inventar ist der aus Sandstein gefertigte Taufstein aus dem 13. Jh.

Im Ziegelgemäuer des wuchtigen Turmes finden sich zwei Steine eines gespaltenen Findlings, die der Sage nach die Nonnen Ing und Dung symbolisieren. Sie sollen das Geld für den Turmbau gegeben haben – allerdings hatte die Sache einen Haken, denn jede der beiden sprach einen Fluch aus: So sollte der schönste Jüngling Keitums von der Glocke erschlagen werden, und über der eitelsten Jungfrau sollte gleich der ganze Turm zusammenbrechen. Als 1739 tatsächlich am zweiten Weihnachtstag der Läutejunge Sören von der aus dem morschen Gebälk hinunterstürzenden Glocke erschlagen wurde, mussten die Keitumer Bräute mit dem Schlimmsten rechnen. Angeblich näherten sie sich dem Turm nur noch in großem Bogen …

Der Keitumer Pastor Traugott Giesen und sein Organist Matthias Eisenberg, einst Organist des Leipziger Gewandhausorchesters, stehen für den Bekanntheitsgrad der Kirche. Die jeden Mittwoch stattfindenden ★ Kirchenkonzerte sind ebenso regelmäßig ausgebucht wie der sonntägliche Gottesdienst vor vollem Haus stattfindet. *Sommer tgl. 9–18, Winter 10–16 Uhr; Führungen Sommer Mo und Do 17, Winter 16 Uhr; Munkmarscher Chaussee, www.st-severin.de*

Insider Tipp

Steinzeitliche Gräber

Wenn Sie der Ausschilderung zur Kurverwaltung folgen, führt Sie die Straße Am Tipkenhoog zu den Gräbern Harhoog und Tipkenhoog. Während der *Tipkenhoog* noch als Hügel besteht (von seiner Kuppe aus haben Sie einen großartigen Blick über die Keitumer Bucht), ist der *Harhoog* ein so genanntes Riesenbett, das ausgegraben und dann nach Keitum verlegt wurde. Beide Gräber stammen aus der jüngeren Steinzeit (4000 bis 1500 v. Chr.).

Die wöchentlichen Orgelkonzerte in St. Severin sind ein echtes Highlight

Mobiliar von 1739: Wohnstube (»Pesel«) im Museum Altfriesisches Haus

MUSEEN

Altfriesisches Haus

★ Wohnhaus eines Walfängers von 1739. Original erhaltenes Mobiliar, angeschlossen eine Museumsweberei. *April–Okt. tgl. 10–17, Nov.–März Di–Do 13–16 Uhr, 2,20 Euro, Kinder 1,10 Euro, Familienkarte 8,25 Euro (gilt auch für Sylter Heimatmuseum), Am Kliff 13*

Feuerwehrmuseum

Im alten Spritzenhaus haben die Mitglieder der Feuerwehr mit bewundernswertem Engagement ein kleines Museum eingerichtet. Eintritt und ausführliche Erläuterungen sind kostenlos (über eine Spende freut man sich). *Mitte März–Mitte Okt. Do 10.30–13 Uhr, C.-P.-Hansen-Allee*

Sylter Heimatmuseum

★ Ehemaliges Kapitänshaus von 1759, Dokumentation der Inselgeschichte, gute archäologische Abteilung. Der Eingangsbereich wird von den Unterkieferknochen eines Finnwals geschmückt. Sitz der Geschäftsstelle Söl'ring Foriining (*Tel. 328 05*). *April–Okt. tgl. 10–17, Nov.–März Mi–Fr 13–16 Uhr, 2,20 Euro, Kinder 1,10 Euro, Familienkarte 8,25 Euro (gilt auch für Altfriesisches Haus), Am Kliff 19*

ESSEN & TRINKEN

Fisch-Fiete

Eine Institution, alles dreht sich um Meerestiere. An lauen Sommerabenden sitzt man im Garten. *Nov.–März mittags und Mi geschl., Weidemannweg 3, Tel. 321 50,* €€ – €€€

Grünhof

Am östlichen Ortsrand liegt dieses rustikale Restaurant mit traditioneller norddeutscher Küche und fairen Preisen. Am großen Tresen trifft sich das Dorf. *Mo geschl., Süderstr. 80, Tel. 31 50,* €€

Kamp's

Kleines Hotel mit nettem Galeriecafé für alle, die »Friesischdeko« nicht mehr sehen können. Die junge Chefin backt den köstlichen Kuchen selbst. *Mi geschl., Gurtstig 41, Tel. 983 90,* €

Restaurant Karsten Wulff

Der ehemalige Koch der MS Europa ist gebürtiger Sylter, und der Namenszusatz »Die gute Fischküche« ist Programm. Leichte Gerichte, leckere Bouillabaisse, offene Küche. *Mo geschl., Museumsweg 4, Tel. 303 00,* €€

Kleine Teestube

Gemütliches Ambiente unter Reet in der Poleposition – hier kommt jeder vorbei. *Mi geschl., Weesterhörn 2/Ecke Gurtstig, Tel. 318 62,* €

Landschaftliches Haus

In den historischen Stuben des ältesten Gasthauses Keitums mit originalen Fliesenwänden isst man Spezialitäten vom Wild, das oftmals vom Hausherrn selbst erlegt wurde. *Mi geschl., Gurtstig 54, Tel. 318 40,* €€

Nielsen's Kaffeegarten

Traumlage auf dem Grünen Kliff mit Blick übers Watt. Nichtraucherstube und Gartenterrasse, eigene Bäckerei. *Di geschl., Am Kliff 5, Tel. 316 85,* €

TheeHüs

Das gibts zum Glück auch noch: alternativ-gemütliches Ambiente, alles dreht sich um Tee. Abends interessante Veranstaltungen. *Sa geschl., Museumsweg 1, Tel. 93 64 44,* €

EINKAUFEN

Keitum gilt als das Dorf der Kunsthandwerker *(www.sylter-kunsthandwerker.de)*. Wer ein schönes Urlaubsmitbringsel sucht, ist hier genau richtig.

Die Goldschmiedin *Antje Ballauf (Kirchenweg 4)* schafft gerne großen Schmuck, der großartig und unverwechselbar ist. Ein paar Schritte weiter findet man das *Glashaus* von Hans Jürgen Westphal *(Gaat 4)*. Mundgeblasene Gläser oder Skulpturen – allem sieht man die Phantasie des Künstlers an. Gleich daneben, in einem alten Friesenhaus *(Gaat 6)*, liegt die Töpferei von *Regine Skoluda*. Das Markenzeichen ihrer Arbeiten – alles Unikate – sind zarte Figuren. In der Schmuckwerkstatt der jungen *Birte Wieda (Gurtstig 26)* entstehen gradlinige, formreduzierte Schmuckstücke.

Wer es lieber verspielter hat, muss in die Goldwerkstatt zu *Christoph Freier (Erich-Johannsen-Wai 1)*. Man findet ihn unter einem Dach mit der *Weewel-Kaamer* von *Silke Wessel*, die auf ihrem 100 Jahre alten Webstuhl zauberhaft zarte Stücke zaubert. Direkt am Kliff steht das *Witthüs* von *Anka Weber*, in dem Sie Elegantes von Schmuck bis Schalen entdecken können.

Wer geschmackvolle Einrichtungsgegenstände sucht, geht ins *Hüs bi Hüs* von Ehepaar Stütz *(C.-P.-Hansen-Allee 3)*. Schräg gegenüber werden Freunde friesischer Wohnkultur fündig: Bei *Jens Mylin (C.-P.-Hansen-Allee 10 a)* findet man die schönsten Fliesen.

ÜBERNACHTEN

Benen-Diken-Hof

★ Das Ehepaar Johannsen führt eines der schönsten und besten Hotels der Insel. Perfekter Service, nette Bar, eleganter Wellnessbereich, Beautystudio. *40 Zi., Suiten und Apartments, Süderstr. 3–5, Tel. 938 30, Fax 938 31 83, www. benen-diken-hof.de,* €€€

Groot's Hotel

Zentral gelegenes, freundlich geführtes Hotel unter Reet, großer Garten. *11 Zi., Gaat 5, Tel. 933 90, Fax 329 53, www.groots-hotel.de,* €€–€€€

Haus Ulrich

Eine kleine, nette Pension unter Reet mitten im historischen Ortskern Keitums. *4 Zi., C.-P.-Hansen-Allee 4, Tel. 321 95, Fax 93 66 06,* €

FREIZEIT & SPORT

Fahrradverleih

Der Fahrradladen (Gurtstig 44, Tel. 328 79); Christel's Fahrradverleih (Gurtstig 24, Tel. 327 97); M & M (Weidemannweg 1, Tel. 301 20)

Schwimmbad

Sanierungsbedürftiges Meerwasserbad mit Blick übers Watt. *Tgl. Mai–Okt., Am Tipkenhoog (neben der Kurverwaltung), Tel. 314 93*

AM ABEND

Salon 1900

Eine Inselinstitution, Nachtleben mit Tanz für jung Gebliebene, Restaurant und Bar. *Süderstr. 40, Tel. 93 60 00*

AUSKUNFT

Kurverwaltung Keitum

Am Tipkenhoog 5, 25980 Sylt-Ost, Tel. 33 70, Fax 337 37, www.sylt-ost.de

LIST

[99 D–E4] List ist die nördlichste Gemeinde Deutschlands. »Lass uns nach Sylt fahren« hieß es früher, wenn man sich auf den Weg in die südlicheren Inselgemeinden machte. Dieses ungewöhnliche Selbstverständnis der Lister hängt mit der abgeschiedenen Lage des Ortes – bis ins 20. Jh. war er nur zu Fuß erreichbar – und seiner Geschichte zusammen. Erst 1866 wurde das dänische Listland, das fast nur aus Dünen besteht, deutsch. Die jahrhundertealte unsichtbare Grenze verlief nördlich von Kampen auf der Höhe der Vogelkoje. Die gewaltige Dünenlandschaft steht seit 1923 unter Naturschutz.

Kaum jemandem ist bewusst, dass sich die knapp 1300 ha des Inselnordens komplett in privater Hand der alteingesessenen Lister Familien befinden. Hier, im einstigen Dänemark, galt ein anderes Erbrecht, sodass das Gelände in den Händen der bewirtschaftenden Sippe blieb. Dieser Landreichtum hat den Listlandbesitzern mehr Ärger als Freude gebracht. Der unfruchtbare Boden konnte früher nur der kargen Schafzucht dienen, zusätzlichen Gewinn brachten im Sommer die begehrten Möweneier, die man in den einsamen Dünentälern sammelte.

Größeres Problem waren die Begehrlichkeiten anderer: Das Militär

Watten-
meer

List

200 m

enteignete in der Vorphase zum Ersten Weltkrieg und sehr viel rigoroser im Dritten Reich. In den Zwanzigerjahren war das Gelände überdies unter Naturschutz gestellt worden – ein Glück für die Insel. Die Eigentümer dürften es mit gemischten Gefühlen gesehen haben, denn es ist seither ein Reservat für die Allgemeinheit, das der Erholung der Gäste dient, auch wenn man die Dünen nicht betreten darf. Nur am so genannten Ellenbogen wird das Private noch deutlich: Wer zu diesem nördlichsten Punkt der Insel möchte, muss für seinen Wagen eine Mautgebühr von 5 Euro bezahlen.

Der eigentliche Ort List (2700 Ew.) wird sich in den nächsten Jahren stark verändern. Wenn das Militär 2007 abzieht, wird das innerörtliche Kasernengelände frei. Das Gebäude der Kurverwaltung soll einem großen Hotelkomplex weichen, und der Hafen erhält ebenfalls ein neues Gewand mit Shoppingmeile. Er ist schon jetzt das pulsierende Zentrum des Ortes, was die Gemeinde dem »Fischkönig« Jürgen Gosch zu verdanken hat, einem Mann, der eine klassische Tellerwäscherkarriere hinter sich hat: vom Maurer mit Ideen zum Mehrfachmillionär. Aus seiner kleinen Verkaufsbude hat sich eine »Eventgastronomie« entwickelt, die ihresgleichen sucht, seine Bootshalle muss man sich wie ein maritimes Hofbräuhaus vorstellen. Der Beiname »List-Vegas« für das Hafengelände ist gar nicht so unpassend.

SEHENSWERTES

Insider Tipp **Friedhof**

Ein ungewöhnlicher Begräbnisplatz in der Düneneinsamkeit. Hier wurde 1977 der Flugpionier Wolfgang von Gronau bestattet, der 1930 als einer der Ersten mit einem alten Flugboot den Atlantik überquerte und 1932 von hier sogar zu einer gelungenen Weltumrundung aufbrach.

Wanderdünen

★ Die letzten Wanderdünen Deutschlands liegen im Listland. Der kräftige Westwind hält die vegetationslosen Sandberge in ständiger Bewegung und lässt sie gen Osten wandern. Das Gelände selbst steht unter Naturschutz und darf nicht betreten werden.

ESSEN & TRINKEN

Austernmeyer

Ein Meeresprodukt, das tatsächlich von Sylt kommt, ist die Auster »Sylter Royal«. Frischer als hier (und dazu in vielen Variationen) bekommen Sie sie nirgends. *Im Winter Mo*

Abendstimmung in der Sylter Sahara: die Wanderdünen im Listland

Austernernte im Watt: Die Blidselbucht ist Heimstatt der Sylter Royal

geschl., *Hafenstr. 10–12, Tel. 87 75 25, €–€€*

Austernperle

Diese kleine Oase mit Meerblick ist mehr als nur ein Kiosk. Tagsüber gibt es leckere Kleinigkeiten und auf Vorbestellung frische Muscheln. Familienfreundlich mit kleinem Spielplatz. *Im Sommer tgl. ab 11 Uhr, Ostufer (über Mannemorsumtal), Tel. 95 74 40, €*

Gosch

Die Fischbude ist Kult und hat sogar den Sylter Sprachschatz erweitert: »Lass uns einen goschen gehen« oder »Gosch and go« heißt übersetzt »wir fahren nach List«. *Tgl., Am Hafen, Tel. 95 19 10, €–€€*

Königshafen

Der Lister Dorfgasthof, über 100 Jahre in Familienbesitz der Hansens, die ihren Gästen Gutbürgerliches auftischen. *Tgl., Alte Dorfstr. 1, Tel. 87 04 46, €–€€*

List Hüs

Traditionelle norddeutsche Küche, gute Lamm- und Grünkohlgerichte. Im Winter (außer zur Saison) halbe Preise! *Tgl., Hafenstr. 7, Tel. 87 03 77, €* **Insider Tipp**

Über 100 Jahre alter Gasthof

Er ist sogar fast 300 Jahre alt! Urige Friesenstuben, in denen vornehmlich Fisch serviert wird. Spezialität ist der in Seewasser gekochte Hummer. *Mo geschl., Alte Dorfstr. 5, Tel. 87 72 44, €€–€€€*

Voigt's Alte Backstube

Nicht nur der 60 Pfannkuchenvariationen wegen besuchenswert. Netter Service, gemütliches Ambiente. *In der Nebensaison Mi geschl., Süderhörn 2, Tel. 87 05 12, €–€€*

EINKAUFEN

Kerziehlein

Hier können Sie Ihre Kerzen selber machen! *Süderhörn 4*

Mylin
Antiquitäten und wunderschöne alte Kachelöfen. *Listlandstr./Dünenstr. 1*

ÜBERNACHTEN

Jugendherberge
Ehemalige Kasernenanlage außerhalb des Ortes mit Blick auf den Königshafen. *380 Betten, Mövenbergstr., Tel. 87 03 97, Fax 87 10 39, www.djh.de, €*

Hotel Silbermöwe
Kleines, behagliches Hotel unter Reet mit großem Garten und üppigem Frühstück. *8 Zi., 6 Suiten, Süderhörn 7, Tel. 952 20, kein Fax, €*

Üthörn
☀ In der absoluten Düneneinsamkeit des Naturschutzgebiets Ellen-

bogen mit Meeresblick. Nördlicher gehts in Deutschland nicht. *11 Apartments, Ellenbogen, Tel. 87 02 18, Fax 87 74 09, www. uethoern.de, €*

FREIZEIT & SPORT

Fahrradverleih
M & M (Listlandstr. 16, Tel. 87 75 44); Tieves (Listlandstr. 15, Tel. 87 02 26); Listrad (Am Brünk 66, Tel. 87 76 87); Ross (Am Loo 1, Tel. 87 08 67)

Kegelbahn
Achter'n Dieck/Soldatenheim, Hafenstr. 19, Tel. 87 73 03

Strandsauna Insi Tip!
Immer wieder großartig: Mitten in den Dünen schwitzen und dann in die Nordsee flitzen! *April–Okt. tgl.*

Sandvorspülungen

Wie man versucht, dem Schrumpfen der Insel Einhalt zu gebieten

Über Jahrhunderte mussten die Sylter machtlos zusehen, wie ihre Insel immer kleiner wurde. Seit den Siebzigerjahren kennt man eine neue Methode, die jedoch – wie Forscher immer wieder betonen – die Insel nur mittelfristig retten kann, denn das Hauptproblem ist der Meeresspiegelanstieg. Um die enormen Sandverluste durch die Sturmfluten auszugleichen, entnimmt man westlich von Sylt gewaltige Sandmengen (1 Mio. m^3 pro Jahr) vom Meeresgrund. Diese werden anschließend an den Strand gespült, der nun nicht nur größer und breiter wird, sondern in seinem Niveau einige Meter angehoben wird. Ein gutes Polster, das mit Glück acht Jahre hält, dann hat das Meer sich seinen Anteil zurückgeholt. Danach muss erneut vorgespült werden. Die Kosten (70 Prozent trägt der Bund, 30 Prozent das Land Schleswig-Holstein) sind bemerkenswert: In den letzten 30 Jahren hat man rund 130 Mio. Euro wortwörtlich in den Sand gesetzt.

Leuchtfeuer List-Ost am Ellenbogen: der nördlichste Zipfel Deutschlands

11–18 Uhr, 12,50 Euro, FKK-Bereich am Weststrand

Strände

List hat am Wattenmeer südlich des Ortes einen kleinen Strand (kinderfreundlich!) und an der Westseite der Insel, ca. 3 km vom Ort entfernt (in der Saison gibt es einen Buszubringer), den eigentlichen Badestrand an der offenen Nordsee, mit FKK-Abschnitten (im südlichen Bereich bis Klapholttal) und Hundestränden. Hauptübergang ist die Strandhalle. Achtung: Am nördlichen Ellenbogen ist das Baden auf Grund der Strömungen lebensgefährlich! Hier gibt es auch keine Rettungsschwimmer.

AUSKUNFT

Kurverwaltung List

Am Brünk 1, 25992 List, Tel. 952 00, Fax 87 13 98, www.list-sylt.de

ZIELE IN DER UMGEBUNG

Rømø (Röm)   [0]

Nördlich von Sylt liegt die dänische Nachbarinsel Röm. Von List aus verkehren täglich zahlreiche Fähren (in der Saison bis zu 24 Abfahrten, Auskunft: *Rømø-Sylt-Linie, Tel. 01803/10 30 30*). Nach 50 Minuten legt man in Havneby an. Ob Sie mit PKW oder Rad unterwegs sind, Sie sollten in jedem Fall gleich nordwärts streben. Mit 100 km^2 ist die Insel zwar ungefähr so groß wie Sylt, doch verschiedener können Schwestern gar nicht sein. Röm besteht hauptsächlich aus Sand. Abgesehen von den Feriensiedlungen liegen die schönen, alten Höfe vereinzelt in der kargen Landschaft. Wovon Sylt träumt, das hat Röm im Überfluss: den breitesten Strand Europas (über 3 km)! Der Verbindungsdamm zum Festland (knapp 8 km nördlich des Hafens) ist eine Straße. So konnte sich eine unge-

Dünenschutz

Warum schon ein Trampelpfad der Anfang vom Ende einer Düne sein kann

Die Syltwerbung lebt von spektakulären Naturaufnahmen insbesondere großartiger Dünenlandschaften. So erstaunt es nicht wenige, dass diese Landschaft nur auf den offiziellen Wegen betreten werden darf. Querfeldein zu laufen ist verboten – auch wenn die vielen Trampelpfade anderes suggerieren –, da alle Dünen auf Sylt unter Schutz stehen. Ihre sensible Vegetation reagiert äußerst empfindlich und wird durch Tritte nachhaltig geschädigt. Die harmlos wirkenden Trampelpfade führen bei kräftigen Winden zu Auswehungen, weil keine Wurzel die Sandkörner mehr zusammenhält. Diese Schneise nimmt nach und nach auch den Nachbarpflanzen die Lebensgrundlage, und im schlimmsten Fall wird die Düne, ihrer Vegetation beraubt, zur Wanderdüne. Im Küstenbereich sind Dünen ohne Vegetation ein Spielball der Wellen.

wöhnliche Variante von Strandleben ausbilden: Die Dänen fahren mit ihren Autos über Damm, Insel und Strand bis direkt an die Wasserkante!

Sehenswert ist das Museum *Kommandørgaard (Mai–Sept. Di bis So 10–18, Okt. 10–15 Uhr, 2 Euro),* ein prachtvoller Hof aus dem 18. Jh. mit reicher Ausstattung. Auskunft: *Turistbüro, Tel. 0045/ 74 75 51 30*

Tønder (Tondern)　　　　[0]

Wer von Röm aufs Festland fährt und dort nach Süden, erreicht kurz vor der deutschen Grenze Tondern (von Havneby rund 45 km). Die älteste Kleinstadt Dänemarks eignet sich ideal für einen gemütlichen Shoppingbummel. Im 17. Jh. war hier das Zentrum der Klöppelspitzenindustrie; diese zarten Kostbarkeiten sind immer noch günstig zu erwerben.

Neben dem Altstadtbummel sollte auch ein Ausflug in das 5 km entfernte Mögeltondern (Møgeltønder) auf dem Programm stehen: Eine zauberhafte Dorfstraße führt zum Schloss Schackenborg, das seit 1995 vom jüngsten Sohn der dänischen Königin, Prinz Joachim, und seiner Frau Prinzessin Alexandra bewohnt wird.

MORSUM

[105 D3–4] »An erster Stelle auf Sylt« lautet der selbstbewusste Slogan der Morsumer in Hinblick auf den ersten Sylter Bahnhof, den ein vom Festland kommender Zug erreicht. Hinsichtlich des Fremdenverkehrs steht man zum Glück nicht an erster Stelle. In Morsum (1100 Ew.) überwiegen Ruhe und Beschaulichkeit, die zahllosen Wanderwege entlang der Felder, Weiden und Deiche lassen den fehlenden Strand kaum vermissen. Abgesehen davon haben die Morsumer ihre eigene **Badestelle** im südlichen Watt, etwas westlich der Morsum-Odde. Hier kann man zwar nur zur Flut »in die Fluten steigen«, die etwas trübe sind, aber dafür ist das Wasser immer ein paar Grad wärmer als an der Westseite, und es gibt keine Brandung, die einem die Frisur ruinieren könnte.

Früher lebten fast alle Morsumer von der Landwirtschaft, und noch heute sind hier Ferien auf dem Bauernhof möglich *(Hoffmann, Tel. 89 02 38; Kühl, Tel. 97 71 71)*. Die frische Sylter Milch wird direkt auf einem Morsumer Hof abgefüllt; und wer Strauße über die Wiesen laufen sieht, muss sich keine Sorgen um seinen Geisteszustand machen – Innovation in der Landwirtschaft ist eben auch auf Sylt notwendig.

Morsum ist eine Streusiedlung, bestehend aus acht Ortsteilen. Die einstigen Höfe liegen inmitten ihrer Ländereien – fast alle auf einer kleinen Anhöhe. Wie auf den Halligen baute man hier früher auf Warften, denn der Nössedeich schützt die Bewohner erst seit den Dreißigerjahren des 20. Jhs. bei Sturmflut. Noch 1922 mussten die Morsumer den Tod ihres Bürgermeisters beklagen, der beim Bergen seines Viehs ertrank. Auch die außerhalb gelegene Kirche steht auf einer Aufschüttung, die jedoch schon in vorgeschichtlicher Zeit angelegt wurde. Weltbekannt ist das Dorf unter Geologen: Das Morsum-Kliff ist ein ungewöhnlicher Aufschluss, der deutlich erkennbar verschiedene, bis zu 10 Mio. Jahre alte Erdschichten zu Tage treten lässt.

SEHENSWERTES

Morsum-Kliff

★ ◁◁▷ Die Landschaft des Morsum-Kliffs steht unter Naturschutz, betreuender Verein ist die *Naturschutzgemeinschaft Sylt e. V. (Tel. 444 21)*, die Mo, Mi und Fr jeweils um 11 Uhr interessante **Führungen** anbietet. Wer am Fuß des 20 m hohen Kliffs entlangspaziert, wird unschwer erkennen, dass der Abhang aus unterschiedlichem Material aufgebaut ist. Weiße, rote und schwarze Erdschichten liegen nebeneinander. Am ältesten ist der blauschwarze Glimmerton, der sich vor ca. 6–10 Mio. Jahren auf dem Grund eines warmen Meeres ablagerte. In den nachfolgenden Jahrmillionen änderten sich offensichtlich die Verhältnisse, denn das tiefe Meer wurde zu einem flachen Gewässer. Nun lagerte sich der so genannte Limonitsandstein ab, eine durch hohen Eisenanteil rötlich gefärbte Schicht. Doch damit nicht genug. Darüber floss vor 2–3 Mio. Jahren noch ein

Der Spaziergang an der Abbruchkante des Morsum-Kliffs gerät zur geologischen Lehrstunde

gewaltiger Fluss hinweg, der den weißen Kaolinsand hinterließ. Dieser 10 Mio. Jahre während Mass-Fallout läge normalerweise tief im Erdinnern verborgen, geschichtet wie ein Baumkuchen, wenn nicht vor 120 000 Jahren ein gewaltiger Gletscher vorbeigekommen wäre, durch dessen Gewicht die Schichten an die Oberfläche gedrückt wurden. Gleichzeitig stehen weite Bereiche des Geländes unter Denkmalschutz, denn hier findet sich eine der am besten erhaltenen prähistorischen Kulturlandschaften Schleswig-Holsteins. Auf engem Raum sind Siedlungsspuren aus der Stein-, Bronze-, Wikinger- und römischen Kaiserzeit nachgewiesen worden.

St. Martin

Die im 12. Jh. errichtete kleine Kirche besitzt nur einen hölzernen Glockenstapel. Sie wurde vermutlich zeitgleich mit zahlreichen anderen Kirchen auf Sylt gebaut, von denen nur noch die Keitumer St. Severin existiert. Im 30-jährigen Krieg diente sie als Wehrkirche. Eine Besonderheit ist die Pesttafel in der Kirche, deren Text »Unsere Kirche war mit Schanze und Graben fest gesichert, doch schon kurz darauf hat uns die Pest überfallen« überliefert, dass man zwar den Angreifern 1628 widerstand, die Pest von 1629 jedoch 160 Tote forderte.

Straußenfarm Dohle

»Strauß statt Kuh« lautet seit 2001 das Motto der Familie Dohle. Geplant sind Führungen mit Erläuterungen zur Aufzucht der Tiere. Ein kleiner Hofladen verkauft die frischen Produkte der Riesenvögel. *Dikwai 12, Tel. 0177/343 17 43*

ESSEN & TRINKEN

Fränkische Weinstuben

30-jährige fränkisch-friesische Familienwirtschaft. Gute Wildgerichte zu fairen Preisen. Im Sommer mit

St. Martin sieht man an, dass sie einst als Wehrkirche diente

nettem Kaffeegarten hinterm Friesenhaus. Verpassen Sie nicht »Uromas Zwetschgenkuchen«! *Di geschl., Terpstich 87, Tel. 89 04 40,* €

Morsumer Kayser
Rustikaler Dorfgasthof mit Theke, für alle, die nur auf ein Bier hereinschauen. *Do geschl., Terpstich 72, Tel. 89 02 56*

Nes Pük
Bei Radlern und Wanderern beliebt für einen kleinen Imbiss. *Mi geschl., Nuurhörn 7, Tel. 89 06 54,* €

Landhaus Nösse
In herrlicher Lage am östlichsten Zipfel der Insel. Für Wanderer sind *Caféterrasse* und *Kaptains Stuv* ideal. Außerdem gibt es ein kleines *Bistro* und für abends das elegante *Nösse-Restaurant. Mo geschl., Nösistig 13, Tel. 972 20,* € – €€€

Friesland-Strandkörbe
Handgemachte Strandkörbe vom Feinsten. Eingebaute Hi-Fi-Anlage und Champagnerkühler sind kein Problem. *Bahnhofstr.*

Goldschmiede Edda Raspé
In einem alten Friesenhaus finden Sie die urige Werkstatt von Edda Raspé. Hier entstehen goldene Kostbarkeiten, kombiniert mit ungewöhnlichen Materialien wie geschliffenen Steinen vom Sylter Strand. *Terpstich 15*

Apartmentvermietung Litzkow
Große Auswahl an schönen Ferienunterkünften mit Garten, unter Reet und was man sonst noch so wünscht. *Terpstich 25, Tel. 97 70 70, Fax 97 70 71, www.litzkow-sylt.de,* € – €€€

Landhaus Nösse
Entzückende Zimmer unterm Dach in freier und einsamer Lage des Naturschutzgebietes. *10 Zi., Nösistig 13, Tel. 972 20, Fax 89 16 58, www.landhaus-noesse.de,* €€

Fahrradverleih
M & M , Nuurhörn 1, Tel. 89 04 60

Kurverwaltung Morsum
Bahnhofstr., Muasem Hüs, 25980 Sylt-Ost, Tel. 337 55, Fax 337 57 www.sylt-ost.de

MUNKMARSCH

[103 D2] Der kleine, am Wattenmeer gelegene Ort – heute offiziell zu Keitum gehörig – war zu seiner Blütezeit der wichtigste Hafen der Insel. Ein paar Häuser, eine Mühle und das 1869 gebaute Fährhaus waren das Erste, was anreisende Gäste von Sylt sahen. Vermutlich machten sie erst einmal drei Kreuze, denn es lag eine beschwerliche Fahrt mit Pferd und Wagen, Zug und Fährschiff (das im Wattenmeer auch gerne mal stecken blieb) hinter ihnen. Seit 1888 wurden sie mit einer Kleinbahn nach Westerland weiterbefördert. Doch nach Eröffnung des Hindenburgdamms 1927 fiel der Ort in den Dornröschenschlaf und wartet immer noch auf den Prinzen.

ESSEN & TRINKEN

Fährhaus Munkmarsch
Sterneküche von und mit Alessandro Pape und Christoph Rüffer. Im restaurierten alten Fährhaus gibt es ein Gourmetrestaurant und die Käpt'n-Selmer-Stuben für die regionale Küche. *Mo, Sept.–Juni auch Di geschl., Heefwai 1, Tel. 939 70, €€–€€€*

Moby Dick
Fisch und schwäbische Leckereien mit Blick aufs Wattenmeer. Gute Mittagskarte. *Do-Mittag und Mi geschl., Munkhoog 14, Tel. 321 20, €€–€€€*

Zur Mühle
Gutbürgerliche bis kreative Küche, nachmittags selbst Gebackenes, ◣◢ Sommerterrasse mit weitem Blick. *Di geschl., Lochterbarig 24, Tel. 38 77, €–€€*

EINKAUFEN

Marschentöpferei
Für alle, die Friesenblau lieben. *Munkhoog 47*

ÜBERNACHTEN

Enkelmann
Schöne Ferienapartments. *Munkhoog 43, Tel. 93 50 47, Fax 93 50 49, www.sylt-appartements.de, €€–€€€*

Hotel Fährhaus Munkmarsch
Moderner Anbau am alten Fährhaus. Anspruchsvolles Wohnen, Wellnessbereich und Beautystudio. *20 Zi., Heefwai 1, Tel. 939 70, Fax 93 97 10, www.faehrhaus-sylt.de, €€€*

FREIZEIT & SPORT

Syltsportiv
Golf-, Segel- und Surfschule im Munkmarscher Hafen von Calle Schmidt, Deutschlands erstem Surfer. *Heefwai 4, Tel. 93 50 77*

AUSKUNFT

Kurverwaltung Keitum
Am Tipkenhoog 5, 25980 Sylt-Ost, Tel. 33 70, Fax 337 37, www.sylt-ost.de

Rantum

[106 A2] Rantum dürfte es eigentlich gar nicht geben. Dieses einst »sterbende Dorf« liegt an einer der schmalsten Stellen der Insel, nur rund 600 m trennen hier Wattenmeer und offene Nordsee. Dieser Luxus, in nur wenigen Schritten »die Seite wechseln« zu können, beschert Rantum alljährlich treue Stammgäste. Sie gehören eher der naturverbundenen Fraktion an, denn so traumhaft die Natur hier ist, so ruhig geht es abends im Dorf zu. Um das Zentrum des Ortes – das sind Kurverwaltung und Kirche – liegen verstreut reetgedeckte Häuschen in den Dünen, die meist Zweitwohnungsbesitzern gehören. Rantum ist eine blühende Fremdenverkehrsgemeinde – im Sommer bestimmen die Urlauber das Ortsbild, im Winter sind die knapp 400 Einwohner unter sich. Ein kleiner Supermarkt und eine Bäckerfiliale versorgen den Ort mit dem Nötigsten. Wer shoppen will, fährt nach Westerland.

Die Zeiten waren nicht immer so rosig. Noch im 19. Jh. war der

Das Blöken der Lämmer: unterwegs auf dem Deich des Rantumbeckens

Untergang prophezeit, nur wenige Bewohner lebten in fünf mehr oder weniger ärmlichen Hütten am Watt. Sie waren so arm, dass sie den anderen Insulanern auf der Tasche lagen, die ihre Steuern mitzahlen mussten. So verbot man kurzerhand den Zuzug nach Rantum, wohl um dieses »Armennest« nicht noch zu fördern. Die Armut war allerdings nicht selbst verschuldet. Die Einwohner hatten eine jahrhundertelange Flucht vor Wanderdünen und Sturmfluten hinter sich. Vier Mal haben sie ihre Kirche versinken sehen und wieder neu aufgebaut. Immer wieder mussten sie ihre Häuser verlassen, die von Wanderdünen verschüttet wurden.

Anfang des 19. Jhs. waren es die Rantumer, die bisher an der Westseite der Insel gelebt hatten, leid und zogen ans Watt. Doch die meisten hatten dem armen Ort längst den Rücken gekehrt. Zu den wenigen, die blieben, gehörte Peter Nikolai Lassen, dem die Insel eine schöne Liebesgeschichte verdankt. Er war Norweger, der im Zuge des Krieges Dänemark/Frankreich gegen England 1809 vor Rantum gestrandet war. Bis sein Schiff wieder flott war, lebte er in Rantum und verliebte sich in das schönste Mädchen des Dorfes, Merret Claasen. Ein Jahr später kehrte er zurück, um seine große Liebe zu ehelichen. Wie gern die beiden sich hatten, kann man dem reichen Kindersegen entnehmen – in dieser Ehe wurden 21 Kinder geboren! Die wiederum bescherten ihren Eltern über 90 Enkelkinder, sodass heutzutage fast jeder Sylter irgendwie mit den Lassens verwandt ist. Im Ort weist die Merret-Lassen-Wai auf die Familie hin, deren Haus – noch teilweise erhalten – in jener Straße steht. Die tragische Rantumer Geschichte kann man immer donnerstags auf einer *Dorfführung* nacherleben (Auskunft: *Kurverwaltung, Tel. 807 77*).

Weniger romantisch sind die großen Kasernenbauten am Ortseingang. Heute sind hier Jugend- und Erholungsheime untergebracht, die mit 1200 Betten einen nicht unerheblichen Wirtschaftsfaktor darstellen. Die in den Dreißigerjahren des 20. Jhs. erbaute Anlage war ein Seefliegerhorst. Die nördlich am Watt von Rantum gelegene Steidumbucht war eingedeicht worden, wodurch man eine strömungsfreie Wasserfläche erhielt, auf der Wasserflugzeuge landen und starten konnten. Heute entlockt uns die Vorstellung, dass von Sylt aus England erobert werden sollte, nur noch ein Schmunzeln, damals war es bitterer Ernst.

Dieses »Rantumbecken« wurde 1962 als Europareservat unter Schutz gestellt und gilt besonders unter Ornithologen als reiches Refugium seltener Zugvögel. In der Saison bietet der betreuende *Verein Jordsand (Tel. 58 12) tgl. außer Mo Führungen an.* Den 9 km langen Deich zu Fuß oder per Rad zu erkunden ist aber für jeden ein Erlebnis. Man vernimmt nur das Rufen der Vögel und das Blöken der Schafe und Lämmer unter einem unendlichen Sylter Himmel, der hier doppelt so groß scheint, weil er sich im stillen Watt spiegeln kann.

Auf dem Weg zum Deich kommt man durch das Rantumer Gewerbegebiet, in dem sich viele (nette) Läden einquartiert haben. Hier findet man auch die mittlerweile bundesweit bekannte Sylt-Quelle. Nicht nur die Architektur, auch das Kulturprogramm ist sehens- und hörenswert. Die Mineral-

wasserfirma scheint sich langsam zu einem Sylter Kulturzentrum zu mausern *(www.kulturquelle.de)*.

ESSEN & TRINKEN

Landhaus Rantum
Sehr geschmackvoll eingerichtetes Restaurant. Tagsüber Gutbürgerliches zu moderaten Preisen, abends stimmungsvoll. *Tgl., Stündeelke 1, Tel. 15 51, €€*

Sansibar
Die »Hütte in den Dünen« ist seit Jahren in aller Munde. Gästeman gel kennt man nicht, eher das Gegenteil. Obwohl hier regelmäßig die Prominenz feiert, kann man Herbert Secklers Restaurant noch immer empfehlen. Freundlicher Service, gute Portionen, sensationeller Weinkeller. *Tgl., Hauptstr. nach Hörnum/Strandübergang Sansibar, Tel. 96 46 46, €€ – €€€*

Söl'ring Hof
Sternekoch Johannes King zelebriert in seiner offenen Küche feine klassische Küche. Elegantes Restaurant mit nur 50 Plätzen. *Mittags und So geschl., Am Sandwall 1, Tel. 83 62 00, €€€*

Sylt-Quelle
Schon die moderne Glasarchitektur im Rund macht dieses Restaurant einmalig. Leichte, frische Küche, Mineralwasserverkostung. *Sa und im Winter abends geschl., Hafenstr. 1, Tel. 20 15 57, € – €€*

Tadjem Deel
Man glaubt nicht, auf Sylt zu sein. In dieser kleinen Holzbude versucht man es zum Glück gar nicht erst mit Schickimicki. Reelle Küche

und ebensolche Preise. Die Makrelen werden im Sommer selbst geangelt. *Hörnumer Str./Strandübergang Tadjem Deel, Tel. 231 61, €*

Alt Angler

In einem Schuppen am Rantumer Hafen finden Sie ein Sammelsurium der besonderen Art. Echt Antikes neben Flohmarktallerlei lässt einen zum Entdecker werden. *Hafenstr. 3*

Sylt-Strandkörbe

Einen echten Sylter Strandkorb für zu Hause, wär das nichts? Willy Trautmann fertigt auch Sonderwünsche an. *Hafenstr. 10*

ÜBERNACHTEN

Alte Strandvogtei

Historisches Friesenhaus in Wattlage, Stammhaus der berühmten Lassen-Familie. Komfortable Zimmer. *14 Zi. und 10 Apartments, 1 Suite, Merret-Lassen-Wai 6, Tel. 922 50, Fax 291 57, www.info@alte-strand vogtei.de, €€ – €€€*

Raantem-Inge

Traditionsreiches Gasthaus in einer Traumlage, man hört die Austernfischer und riecht das Watt. Freundlich geführt. *10 Zi., Merret-Lassen-Wai 8, Tel. 235 77, Fax 92 74 40, www.rantum.de/Raantem-Inge, €*

Söl'ring Hof

★ Neue Luxusherberge in den Dünen für nur 30 Personen. Die Zimmer sind modern, edel und licht ausgestattet. *7 Zi., 8 Suiten, Am Sandwall 1, Tel. 83 62 99, Fax 836 20 20, www.dorint.de/sylt-ran tum, €€€*

Watthof

Reetgedecktes Anwesen gleich hinter dem Deich. Individuelle und freundliche Atmosphäre, im ersten Stock mit Blick übers Watt. *24 Zi., 12 Suiten, Alte Dorfstr. 40, Tel. 80 20, Fax 802 22, www.watt hof.de, €€€*

FREIZEIT & SPORT

Fahrradverleih

Fahrradverleih Rantum, Hörnumer Str. 11, Tel. 16 60 oder 0170/ 327 20 76

Strände

Der Strand in Rantum ist 12,5 km lang, erreichbar über elf Strandübergänge. Im Süden, in den Abschnitten Samoa und Sansibar, finden sich die FKK- und Hundestrände, der Übergang Tadjem-Deel und der des Campingplatzes bieten die Kombination Hunde- und Textilstrand.

AUSKUNFT

Kurverwaltung Rantum

Strandstr. 7, 25980 Rantum, Tel. 807 77, Fax 807 66, www.ran tum.de

TINNUM

[102 C3–4] Bei Tinnum denken die meisten nur an das Gewerbegebiet von Sylt. Das ist nicht falsch, tut der kleinen Gemeinde (2900 Ew.) aber insofern unrecht, als man abseits der Hauptstraßen Wiesenidylle und schöne alte Friesenhäuser findet. Tinnum war über Jahrhunderte Sitz der Landvögte, die als Stellvertreter des jeweils Regierenden sozusagen

TINNUM

die kleinen Könige von Sylt waren. Wer in Tinnum seinen Urlaub verbringt, wohnt strategisch sehr günstig, die Wege sind kurz, und – was für viele entscheidend ist – hier ist es sehr viel **preiswerter als anderswo.** In Tinnum finden Sie noch das Zimmer mit Frühstück für 20 bis 25 Euro, und auch zur Hochsaison gibt es mit Glück noch ein freies Bett.

Insider Tipp

SEHENSWERTES

Tinnumburg

⭐ Ein wenig nebulös ist die Geschichte dieser Sylter »Burg«. Man darf sie sich nicht mit Türmchen und Zinnen vorstellen, es ist nur ein einfacher Ringwall, aber immerhin einer der ältesten in Schleswig-Holstein, dessen Innerstes vermutlich einst ein wichtiger Kultplatz war. Man fand hier Keramik aus dem 1. Jh. n. Chr. Später wurde der Wall jedoch erhöht und offensichtlich als Schutzbau genutzt. Es kann aber auch eine Zwingburg der Dänen gewesen sein, die von hier aus versuchten, den Sylter Friesen Gelder abzupressen. Dazu würde die Vermutung passen, der Ortsname Tinnum komme von *tinhem* = Zinsheim.

ESSEN & TRINKEN

Zur Eiche

Ein richtiger Dorfgasthof! Hier feiern die Sylter, halten ihre politischen Versammlungen ab, trinken ihr Bier und essen beste gutbürgerliche Küche. *Mi geschl., Zur Eiche 38, Tel. 311 44, €*

Janke's
Insider Tipp

Man hat was auf dem Teller (wer will, bekommt von jedem Gericht aber auch eine kleine Portion), es

schmeckt und ist günstig. Das ist Tinnum! *Di und im Winter mittags geschl., Ziegeleiweg beim Campingplatz, Tel. 37 20, €*

Landhaus Stricker

Holger Bodendorf, einstiger Sternekoch des Wenningstedter »Veneto«, kocht jetzt im 200-jährigen, kürzlich renovierten Friesenhaus. Hohe Tafelkultur im *Bodendorf's,* in der *Tenne* verfeinerte Regionalküche. *Tgl., Boy-Nielsen-Str. 10, Tel. 316 72, €€ – €€€*

ÜBERNACHTEN

Hotel Christiansen

Schlichtes Hotel, nett geführt, leider direkt an der Bahn. *21 Zi., Zur Eiche 32, Tel. 93 00, Fax 93 01 28, €*

Hotel Landhaus Stricker

2002 eröffnete diese Luxusherberge. Elegante und große Zimmer, umfangreicher Wellnessbereich. *16 Zi., 19 Suiten, Boy-Nielsen-Str. 10, Tel. 889 90, Fax 889 94 99, €€ – €€€*

FREIZEIT & SPORT

Fahrradverleih

Krtschek (Südhörn 17, Tel. 326 26); M & M (Dirksstr. 65, Tel. 357 77); Abbe's (Zur Eiche 16, Tel. 352 58)

Sylter Fitness-Studio

Alles, was des Herz (und der Körper) begehrt. Mit Sauna. *Mittelweg 5, Tel. 333 66*

AUSKUNFT

Kurverwaltung Tinnum

Dirksstr. 11, 25980 Sylt-Ost, Tel. 337 11, Fax 337 17, www.sylt-ost.de

WENNINGSTEDT

**Karte auf
Seite 65**

[100 A5–6] Eine noch grandiosere Lage hoch oben auf dem Roten Kliff bietet kein Ort auf Sylt. 30 m Steilkante und ein traumhafter Blick auf den unendlichen Strand. Nur eine gewaltige Treppenkonstruktion mit fast 80 Stufen ermöglicht den Zugang. Wofür man sich als Gast begeistert, ist für die gut 2000 Wenningstedter eine teure Angelegenheit: Regelmäßig werden Treppe, Kliff und Strand bei Sturmflut arg in Mitleidenschaft gezogen.

Wer im Winter auf die Insel reist und solche Naturgewalten erlebt, wird beeindruckt sein. Die tosende Nordsee begräbt den Strand unter sich und dringt manchmal bis zum Kliff vor. Im schlimmsten Fall räumen die Wellen so viel Material aus, dass Hohlräume am Klifffuß entstehen, es instabil wird und abbricht. So wurden über Jahrhunderte gewaltige Landflächen fortgespült, die Insel wurde immer schmaler. Heute kann man die Küste glücklicherweise durch Sandvorspülungen schützen.

Wenn man als Sommergast durch die Straßen schlendert, ahnt man von solchen Problemen nichts. Kleine Hotels und Pensionen und viele Ferienwohnungen prägen das Ortsbild. Während andere Orte auf Sylt noch ihre spezielle Zielgruppe suchen, hat sich Wenningstedt längst zum Familienbad gemausert. Moderate Preise, ein Campingplatz und zahlreiche Freizeitangebote für Kinder haben das ihre dazu beigetragen.

Nicht zur Nachahmung empfohlen: Sandburgen sind aus Gründen des Küstenschutzes verpönt

Früher war der Ort ein armer Flecken. Wenn man allerdings den Sagen Glauben schenken darf, dann war einer der Vorläufer ein bedeutender Friesenhafen. Angeblich sollen vom alten Wendingstadt die Angeln und Sachsen um 450 n. Chr. aufgebrochen sein, um das von den Römern verlassene Britannien zu erobern.

Später versank der blühende Ort bei einer verheerenden Sturmflut, von der kein Mensch mehr weiß, wann sie genau stattfand. Die wenigen Überlebenden gründeten eine neue Siedlung fernab vom Meer. Diese Gründung lag vermutlich am Dorfteich, wo heute noch die ältesten und schönsten Häuser des Ortes zu finden sind.

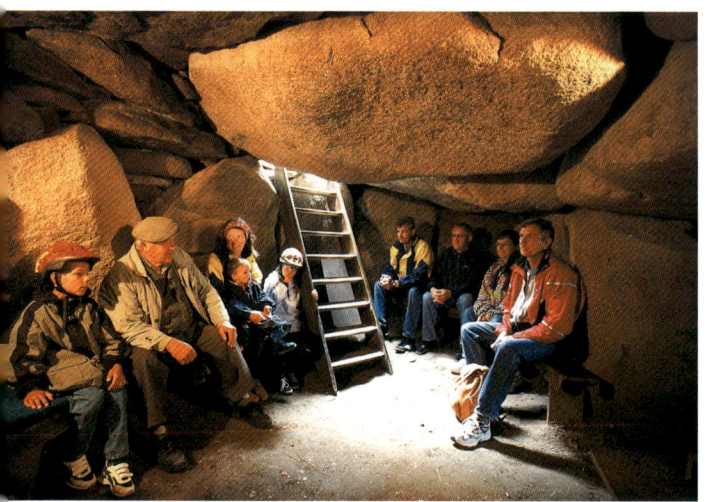

Im Denghoog: miträtseln, wie einst die riesigen Steine bewegt wurden

Denghoog

★ Dieses größte Steingrab Nordwesteuropas, ein Ganggrab, ist vermutlich über 6000 Jahre alt. In die ovale Grabkammer (5 m lang, 3 m breit, 1,80 m hoch) kann man durch den schmalen Gang oder durch ein Loch in der Decke einsteigen. Man fragt sich, wie die damaligen Bewohner die gewaltigen Findlinge überhaupt bewegen konnten. Der »Grabwächter« an der Kasse kann mehr erzählen. *Ostern–Sept. Mo–Sa 10–16 Uhr, 1,70 Euro, Kinder 0,85 Euro*

Dorfteich

Ein Sylter Idyll: Etwas versteckt liegt der alte Ortskern am Dorfteich, dem größten stehenden Gewässer der Insel. Hier finden Sie die alten Friesenhäuser des Ortes und die wohl schönste Tür Nordfrieslands im *Commandeur-Teunis-Haus.*

Insider Tipp

Am Dorfteich steht die Kirche, Friesenkapelle genannt, und dahinter das steinzeitliche Grab, der Denghoog.

Rotes Kliff

★ Nach Helgoland ist das Rote Kliff (wenn die Sonne im Westen rot untergeht, ist es tatsächlich rot!) zwischen Wenningstedt und Kampen die beeindruckendste deutsche Steilküste an der Nordsee. Das Lockermaterial ist eine Aufschüttung (Moräne) der Saale-Eiszeit. Die weiche Konsistenz kann den Sturmfluten nichts entgegensetzen, sodass es immer wieder zu spektakulären Abbrüchen kommt.

Hinkfuss

Insider Tipp

Hier stimmt einfach alles: Service, Preis-Leistungs-Verhältnis, Ambiente. *Mo geschl., Am Dorfteich 2, Tel. 54 61, €€–€€€*

Kleine Welt

Originelles Abendrestaurant mit kosmopolitischer Küche. *Mo und mittags geschl., Hauptstr. 23, Tel. 435 49, €–€€*

Lässig im Strandhörn

Dirk Lässig hat für seine Kochkünste schon viele Preise eingeheimst – testen Sie selbst! *Mi geschl., Dünenstr. 1, Tel. 945 00, €€€*

Meeresblick

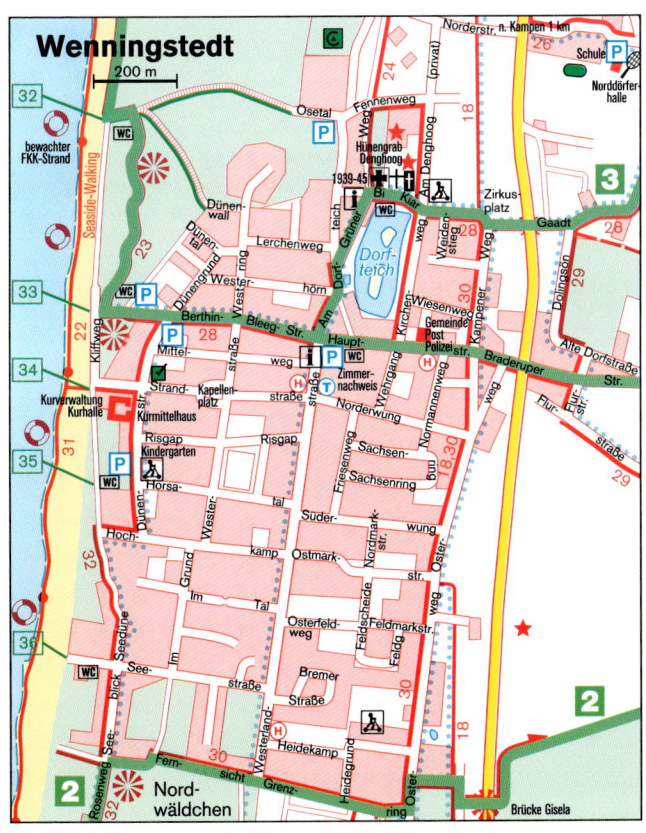 Nettes Caférestaurant direkt an der Promenade. Gutbürgerliche Küche. *Strandstr. 22, Tel. 444 22, €–€€*

Veneto

Köstlichkeiten vom Sternekoch Bernhard Büdel. Gelungene Mischung aus Nordsee- und Mittelmeerküche. Tipp: Menüs, die kombiniert werden dürfen! *Di geschl., Strandstr. 21 (Hotel Windrose), Tel. 94 00, €€€*

Wenningstedter Krug

Stimmungsvolles Restaurant mit guter Küche. *Sept.–Juni Mi geschl., Hauptstr. 1, Tel. 94 65 30, €€*

Wonnemeyer

🏃 In diese Strandhütte kommt man nur zu Fuß! Sie hat sich trotzdem (oder deshalb?) zum Intreff gemausert. Kinderfreundlich, gute Musik, Traumlage. *Tgl. bis Sonnenuntergang, FKK-Strand Nord, Tel. 452 99, www.wonnemeyer.de, €–€€*

ÜBERNACHTEN

Kiose

Hotel garni in zentraler Lage, junge, freundliche Leitung, Saunabereich. *17 Zi., Berthin-Bleeg-Str. 15, Tel. 984 70, Fax 410 14, www.Hotel-Kiose.de, €*

Lindner Hotel Windrose

Das größte Hotel der Insel, nur wenige Schritte vom Strand entfernt. Komfortable Zimmer, Wellnessbereich und mehr. *80 Zi., 18 Suiten, Strandstr. 21–23, Tel. 94 00, Fax 94 08 77, www.lindner.de, €€€*

Strandhörn

Hier logierte einst Thomas Mann, heute ein First-Class-Haus. Großzügiger Wellnessbereich. *11 Zi., 15 Suiten, Dünenstr. 1, Tel. 945 00, Fax 457 77, www.strandhoern.de, €€€*

Sylter Domizil

In restaurierter Bäderarchitektur 1998 eröffnetes Hotel garni. Extrazimmer für Nichtraucher und Hundebesitzer. Seit 2002 mit Dependance. *13 Zi., Hauptstr. 3, Tel. 829 00, Fax 82 90 29, www.sylter-domizil.de, €€*

Ulenhof

Ferienwohnungen unter Reet. Schwimmbad und Wellness, hervorragendes Preis-Leistungs-Verhältnis. Ideal für Gäste ohne Kinder. *9 Zi., Sachsenring 14, Tel.*

Dass Wenningstedt ein Familienbad ist, merkt man auch am Strand

945 40, Fax 94 54 31, www.ulen
hof.de, €–€€

Ulenhof Gartenhotel
Nettes Hotel garni, Zimmer im fri-
schen Design, Hallenbad, ruhig. 21
Zi., Lerchenweg 6, Tel. 94 54 34,
Fax 94 62 10, www.Gartenhotel.
de, €–€€

FREIZEIT & SPORT

Fahrradverleih
M & M (Hauptstr. 8–14, Tel.
459 06); Holst (Osterweg 22, Tel.
433 15); Fahrrad-Konzept (Hauptstr. 16, Tel. 466 43); Eddie's (Dünenstr. 11, Tel. 410 67)

Strände
Der fast 3 km lange Strand hat im
nördlichen Abschnitt eine Zone für
Hunde und FKK. Für Surfer ist der
Übergang Trampolinplatz.

AM ABEND

Kliffkieker
Direkt auf dem Kliff. In der Saison »Danz op de Deel« am Ab-
grund. Strandstr. 24

Lindner Hotel Windrose
Wer es lieber etwas ruhiger hat,
geht in die Bar vom Lindner Hotel
Windrose. Strandstr. 21

AUSKUNFT

Kurverwaltung Wenningstedt
Strandstr. 25, 25996 Wenningstedt,
Tel. 44 70, Fax 447 40, www.wen
ningstedt.de.

Touristinformation
Westerlandstr.1, Tel. 989 00, Fax
457 72

WESTERLAND

Karte in der hinteren Umschlagklappe

[102 B1–3] »Ich will zurück nach
Westerland« heißt ein Hit der Pop-
gruppe »Die Ärzte«. Wer das erste
Mal nach Westerland kommt, wird
diese Sehnsucht kaum nachvoll-
ziehen können. Die Sechziger- und
Siebziger-Jahre-Architektur im In-
nenstadtbereich wird von vielen als
eine einzige Bausünde empfunden.
Das Angebot der Fußgängerzone
wird zunehmend beherrscht von Fi-
lialen großer Ladenketten und un-
terscheidet sich immer weniger
vom Einkaufseinerlei anderer deutscher Städte. Ungewöhnlich sind da
schon eher die zahlreichen Fisch-
bistros, deren Gerüche ein wenig
maritimes Flair verbreiten.

So viel auch über die Sylter Me-
tropole, in der ungefähr die Hälfte
der 23 000 Insulaner leben, ge-
schimpft wird – keiner möchte sie
wirklich missen. Wenn im Winter
die meisten Orte wie ausgestorben
wirken, merkt man hier, dass es
noch Leben gibt. Und wer im Sommer das Spiel »Sehen und Gesehen-
werden« spielen möchte, ist nirgends besser aufgehoben als auf der
Westerländer Promenade und in
den Fußgängerzonen, wo abends
Gaukler, Musikgruppen und alle
möglichen (Klein-)Künstler das Publikum unterhalten.

Die Gründungsväter des Bades
haben mit dieser Entwicklung sicher nicht gerechnet, als sie 1855
immerhin 98 (!) Kurgäste begrüßen
durften. Doch schon um 1900 war
Westerland nicht nur das mondäns-
te Bad an der deutschen Nordseeküste, sondern auch das fortschritt-

Nostalgisches Vergnügen: Kurkonzert auf der Westerländer Promenade

lichste: Die prüde Regel, Damen und Herren nur in weit voneinander getrennt liegenden Strandabschnitten baden zu lassen, wurde aufgehoben, in Westerland durften die Familien doch tatsächlich zusammen in die Fluten steigen. Die aufgeregte Diskussion in den damaligen Gazetten belegt, dass einer ähnlichen Strafe, wie sie Sodom und Gomorrha ereilte, durchaus realistische Chancen eingeräumt wurden.

Der steile Aufstieg – mittlerweile besuchten jährlich 25 000 Gäste das Bad – wurde jäh vom Ersten Weltkrieg unterbrochen. Und wenn auch in den goldenen Zwanzigerjahren ein wenig Glanz auf Westerland fiel, ist heute unübersehbar, dass die Stadt nach dem Zweiten Weltkrieg nicht mehr an ihre alten Erfolge anknüpfen konnte. Das entsprechende Publikum, zu dem auch viele Juden gehörten, gab es einfach nicht mehr.

In den Sechzigerjahren wandelte sich das Gesicht Westerlands entscheidend, als man, vom Fortschrittsglauben beseelt, die schönen alten Jugendstilhotels und Logier-

häuser in Bäderarchitektur abriss, um Platz für das moderne Kurzentrum und das Wellenbad zu schaffen. Nur einer Bürgerinitiative ist zu verdanken, dass es nicht noch schlimmer kam. Ein gigantischer Apartmentblock – 25 Geschosse und 750 Wohneinheiten – mit dem sinnigen Namen Atlantis ging noch in der Planungsphase unter.

Heute ist Westerlands Publikum eine bunte Mischung aus den alten Stammgästen (die nach 50 Jahren Treue längst die Ehrenkurkarte besitzen) bis zu ganz jungen Leuten, die schon mal anreisen, nur um eine Nacht durchzufeiern. Dieser Kontrast führt manchmal zu Konflikten, ist im Grunde aber eine wohltuende Belebung für die Stadt. Mittlerweile wird vieles restauriert, und glücklicherweise hat sich auch die Deutsche Bahn überzeugen lassen, ihrem Sylter Bahnhof ein neues Flair zu verpassen. So findet man im historischen Gemäuer, das 1927 von Hindenburg eingeweiht wurde, die hypermodernste öffentliche Toilette Norddeutschlands, deren Bedienung die Benutzer allerdings manchmal auf eine harte Probe stellt.

Insi Tip

SEHENSWERTES

Alt-Westerland

Wer am Bahnhof nicht den Weg zur Friedrichstraße einschlägt, sondern die entgegengesetzte Richtung wählt, den führt der Kirchenweg zur kleinen Kirche St. Niels. Zufällig hierher Verirrte werden kaum glauben, noch in Westerland zu sein. Geduckte Friesenhäuser und kleine Fußwege – die letzten Reste des alten Dorfes, das von den Eidumern gegründet wurde, die fast alles in der Sturmflut von 1436 verloren. So weit weg vom Meer wie nur irgend möglich sollte der neue Ort entstehen, der bald Westerland genannt wurde, weil er auf dem westlich gelegenen Land der Nachbargemeinde Tinnum errichtet wurde. Als man 1635 die Kirche aus den Resten des Eidumer Gotteshauses baute, lag sie noch 3000 m vom Meer entfernt. Wer heute die Strecke abläuft, benötigt nur noch 1200 Schritte! *Führungen »Westerland einst und heute« Sa 10 Uhr, Beginn am Zimmernachweis beim Bahnhof*

Friedhof der Heimatlosen

Zahllose Schiffsstrandungen vor Sylt besiegelten das Schicksal ungezählter Seefahrer, deren Leichen oft an den Strand gespült wurden. Praktisch, wie die Sylter veranlagt waren, wurden sie einfach in der nächsten Düne verbuddelt. 1854 machte der Strandinspektor Wulf Hansen Decker diesem Treiben ein Ende und ließ für die namenlosen Toten einen Friedhof anlegen. Die rumänische Königin, Stammgast auf Sylt, stiftete den Gedenkstein. *Käpt'n-Christiansen-Str./Elisabethstr.*

ESSEN & TRINKEN

Alte Friesenstube

Im ältesten Haus von Westerland isst man im historischen Ambiente friesische Spezialitäten, die man einer plattdeutschen Speisenkarte entnimmt. Für stimmungsvolle Abende. *Mo geschl., Gaadt 4, Tel. 12 28,* €€

Bistro Hotel Stadt Hamburg

Lichte, freundliche Räume in Sonnengelb, leichte französische Küche. *Tgl., Strandstr. 2, Tel. 85 80,* €–€€

Café Wien

Sylter Institution für Tortenträume, Sahneseligkeit und Schokoschlemmereien. *Tgl., Strandstr. 13, Tel. 53 35*

Casa Bianca

Frisch zubereitetes, gutes italienisches Essen, große Auswahl, freundlicher Service, südländische Einrichtung. *Tgl., Norderstr. 50, Tel. 231 02,* €€

C'est la vie

Der Libanese »Sammy« betreibt das wohl kleinste Restaurant in Westerland, das einen ganz eigenen Charme hat. Serviert wird gute arabische Küche. *Tgl., Paulstr. 6, Tel. 29 94 88,* €–€€

Franz Ganser

Elegante, intime Atmosphäre und sehr gute Küche im Herzen von Westerland. *Mo geschl., Bötticherstr./Ecke Boysenstr., Tel. 229 70,* €€–€€€

Hardy auf Sylt

Das Restaurant im Rundhaus unter Reet wird seit 20 Jahren vom Ehepaar Speisser geführt und ist nicht nur der guten Weine wegen (es gibt kein Bier!) längst eine Inselinstitution. *Mo geschl., Norderstr. 65, Tel. 227 75,* €€

Jörg Müller

★ Hier kocht der beste Koch der Insel. Im fliesengeschmückten *Pesel (€€–€€€)* gibt es gehobene regionale Küche, die Grande Cuisine wird im Restaurant zelebriert. Perfekter Service. *Mittags und Mo,*

Westerlands Shoppingmeile: die autofreie Friedrichstraße

Pesel Di geschl., Süderstr. 8, Tel. 277 88, €€€

Reiners Osteria

🏃 Auf dem Westerländer Campingplatz residiert eines der witzigsten und lockersten Restaurants der Insel. Große Portionen in gusseisernen Pfannen. Fast immer voll, reservieren! *Tgl., Rantumer Str., Tel. 298 19, € – €€*

Schneckenhaus

Kleine Karte, große Wirkung, denn die Fleischgerichte sind richtig lecker. Urgemütlich mit Liebe eingerichtet. *Di geschl., Norderstr. 6, Tel. 232 75, €€*

Sylt-Kantine

Günstiger Mittagstisch mit Blick auf die Gleise. *So und ab 20.30 Uhr* geschl., Keitumer Chaussee 4, Tel. 29 90 11, €

EINKAUFEN

In der Inselmetropole gibt es vom Kaufhaus bis zur kleinen Töpferei alles, was das Herz begehrt. Die Haupteinkaufsstraßen sind die Fußgängerzonen Friedrichstraße und Strandstraße sowie die Querverbindungen zwischen ihnen.

Antiquitäten-Rönne

Exquisite Kostbarkeiten, die vornehmlich aus Dänemark stammen. *Maybachstr. 28*

China-Bohlken

Ein Fossil (1919 gegründet!) aus der alten Bäderzeit von Westerland. Asiatische Kunst. *Friedrichstr. 38*

Dullin maritim
Hier gibt es alles, was Landratten mit Küste verbinden: Knotentafeln, Fischerhemden, Flaggen und vieles mehr. *Strandstr. 28*

Wegst
Wer auf der Suche nach Bernsteinketten, Geschirr mit Zwiebelmuster oder Muschelkästen ist, wird in diesem Kunstgewerbeladen vielleicht fündig. *Friedrichstr. 33*

ÜBERNACHTEN

Hotel Clausen
Zentral in der Friedrichstraße gelegen. *3 Suiten, 18 Zi., Friedrichstr. 20, Tel. 922 90, Fax 280 07, www.abc-sylt.de/clausen, €€*

Dünenburg
Nur wenige Schritte, und Sie sind am Strand. Renovierte Zimmer, bemerkenswertes persönliches Engagement und ein für die Lage sehr gutes Preis-Leistungs-Verhältnis. *37 Zi., Elisabethstr. 9, Tel. 822 00, Fax 243 10, www.duenenburg.de, €–€€*

Marin-Hotel Sylt
Komfortable Zimmer im quirligen Zentrum der Fußgängerzonen. *1 Suite, 24 Zi., Elisabethstr. 1, Tel. 928 00, Fax 928 01 50, www.marin hotel.de, €€*

Miramar
Seit 1903 in Familienbesitz. Hier logierten schon Hans Albers, Max Schmeling und Gerhart Hauptmann. Heute ist es das Stammhotel von Udo Lindenberg. *79 Zi., 11 Suiten, Friedrichstr. 43, Tel. 85 50, Fax 85 52 22, www. hotel-miramar.de, €€€*

Hotel Niedersachsen
Ruhig, strandnah und zentral gelegen, engagierte junge Leitung. *1 Suite, 1 Apartment, 29 Zi., Margarethenstr. 5, Tel. 922 20, Fax 77 29, www.hotelniedersachsen. de, €–€€*

Parkhotel am Südwäldchen
Im Süden von Westerland, 1999 renoviert. Mit Schwimmbad, Sauna und Solarium. *24 Zi., Fischerweg 45, Tel. 83 63 00, Fax 836 30 63, €€*

Hotel Stadt Hamburg
★ 1869 als eines der ersten Hotels in Westerland gebaut, ist es heute nicht nur das erste Haus am Platz, sondern gehört zu den besten Deutschlands. Exquisiter englischer Landhausstil, Wellnessbereich im asiatischen Kolonialstil mit Shiseido-Beautyfarm. *48 Zi., 24 Suiten, Strandstr. 2, Tel. 85 80, Fax 85 82 20, www.hotelstadthamburg. com, €€€€*

Villa Kristina
Renovierte Bäderarchitektur in ruhiger, zentraler Lage. Die Zimmer in modernem Design (Ligne Roset). Freundlich und familiär, gutes Frühstück. *13 Zi., Norderstr. 7, Tel. 252 01, Fax 277 11, www.villa-kristina.de, €€*

FREIZEIT & SPORT

Fahrradverleih
M & M (Bismarckstr. 46, Tel. 25688); Velo Quick (Stadumstr. 10 und Kirchenweg 14, Tel. 215 06); Lydias Fahrradverleih (Kirchenweg 2 250 m vom Bahnhof, Tel. 29 94 94); Fahrrad am Bahnhof (Gleis 1, Tel. 58 03)

Ein herrlich altmodischer Arbeitsplatz für Sylts Rettungsschwimmer

Strände

Der knapp 6 km lange Strand von Westerland bietet alles. Die Hundestrände befinden sich im Norden (Übergang Nordseeklinik) und Süden (Übergang Baakdeel). Ab 17 Uhr ist in Baakdeel das Steigenlassen von Drachen erlaubt. Nördlich dieses Überganges befindet sich ein so genannter 🏃 Jugendstrand. Daran anschließend (Übergang Oase zur Sonne) ein FKK-Strand; dessen nördliches Pendant erreichen Sie über den Übergang Uthlandstraße. Hier darf auch gesurft werden, ebenso am Zentralstrand, Übergang Brandenburger Straße. Direkt an der Promenade gegenüber der Sylter Welle befindet sich der 🏃 **Funbeach** für alle möglichen Ballspiele (nicht nur Beachvolleyball): ab 14 Uhr Animation und Ausgabe der nötigen Utensilien.

Insider Tipp

Sylter Welle

〰 Freizeit- und Wellenbad mit Nordseewasser, Außenbecken, Whirlpool, Kinderpool, Fitnessraum, Sau-

nalandschaft mit allem, was dazugehört, Thermalbad mit 30 Grad warmem Meerwasser, Wellnessoase – und fast alles mit Blick auf die Nordsee! *So/Mo 10–21, Di–Sa 10–22 Uhr, Strandstr. 32, 8,70 Euro (mit Sauna 12,80 Euro), Familien- und Sondertarife*

AM ABEND

Kein Ort bietet so viel Nightlife wie Westerland. Tipps für jüngere Leser finden Sie unter »Angesagt« auf Seite 88.

Claudia

In der Bar bedient »Claudia« persönlich, ihr wirklicher (Männer-) Name bleibt ein Geheimnis. Sie ist der Star ihres Etablissements und hat keinerlei Berührungsängste. *Tgl. ab 22 Uhr, open end, Andreas-Nielsen-Str. 10*

Compass

Schwoof fürs »Mittelalter« in maritimer Atmosphäre zu aktuellen Hits und Mitsingschlagern. *Mo geschl., Friedrichstr. 40*

Irish Pub
Whiskey, Guinness, Irish Stew und was man sonst so auf der Grünen Insel zu sich nimmt. Das alles bei irischer Folkmusik (teilweise live) und in passendem Ambiente. *Nov. bis Ostern So geschl., Paulstr. 15*

Kleist Casino
Gay-Nachtleben seit über 30 Jahren. Auch Frauen sind willkommen, nur graue Mäuse mag man nicht. *Tgl. ab 22 Uhr, Elisabethstr. 1a*

Marinas Tanzcafé
Tanz für jung Gebliebene. Cocktails und bemerkenswerte Bierauswahl. *Tgl. ab 20 Uhr, Andreas-Dirks-Str. 6*

Spielbank Westerland
Im Westerländer Rathaus, das im Jahr 1898 ursprünglich als Kurhaus erbaut wurde, befindet sich seit 1949 die kleinste Spielbank Deutschlands. Gespielt werden American Roulette und Blackjack, außerdem gibt es einen Automatensaal. *Nov.–März Mo/Di geschl., sonst tgl. ab 18 Uhr, Andreas-Nielsen-Str. 1*

AUSKUNFT

Fremdenverkehrszentrale
Im Bahnhof, Tel. 99 88, Fax 99 85 55, www.westerland-buchen.de

Sylt-Marketing Gesellschaft
Stephanstr. 6, Tel. 820 20 oder 193 44, Fax 82 02 22, www.naturlich-sylt.de

Tourismusservice Westerland
Strandstr. 35, 25980 Westerland, Tel. 018 05 00 99 80, Fax 04651/ 99 86 00, www.westerland.de

Sonnenuntergang am Weststrand: ein Anblick, der schon viele süchtig machte

Entdeckungstouren zu Fuß und mit dem Rad

Die Touren sind in der Karte auf dem hinteren Umschlag und im Reiseatlas ab Seite 98 grün markiert

1 SPAZIERGANG DURCH KEITUM

Verwinkelte Straßen, zahllose reetgedeckte Friesenhäuser aus dem 18. Jh., üppige Gärten und das Grüne Kliff machen Keitum zum schönsten Dorf auf Sylt – eine These, der Sie nach diesem rund 90-minütigen Spaziergang durch den einstigen Hauptort der Insel sicher zustimmen werden.

Startpunkt ist die *St.-Severin-Kirche (S. 44)*. Sie liegt weit außerhalb des Ortes auf einer Geestanhöhe, die schon in vorgeschichtlicher Zeit ein wichtiger Kultplatz war. Im nördlichen Friedhofsbereich finden sich alt alte  Kapitänsgrabsteine, die an die Männer erinnern, denen Keitum seine heutige Schönheit zum großen Teil zu verdanken hat. Ein kleiner Weg führt hinunter zum Watt. Nach 15 Minuten erreichen Sie *Nielsens Kaffeegarten (S. 47)*. Die Treppe führt das 10 m hohe

Bei einem Strandspaziergang können Sie sich den Kopf freipusten lassen

Kliff hinauf. Hier oben konnten einem die Sturmfluten nichts anhaben, die Keitumer lebten im Verhältnis recht sicher und trocken.

Die Straße Am Kliff hinter dem Café führt Sie links zu den beiden Museen. Das *Altfriesische Haus (S. 46)* wurde von Peter Uwen erbaut, einem Walfänger, der sein Leben schon mit 42 Jahren vor Norwegen verlor. Ein Besuch lohnt sich! Der ursprüngliche Wohnbereich ist fast original erhalten, und man bekommt eine Ahnung davon, wie sehr sich selbst die »reichen« Kapitäne bescheiden mussten. Ein paar Schritte weiter steht das *Heimatmuseum (S. 46)*, das von einem der Söhne Peter Uwens errichtet wurde. Dieser war ein erfolgreicher Handelskapitän. Das Schiff, auf dem er segelte, findet man nicht nur als Relief über der Eingangstür, sondern auch auf seinem Grabstein. Der rechts abzweigende Weidemannweg führt am Louise-Schroeder-Haus vorbei, einem Mutter-Kind-Kurhaus der Arbeiterwohlfahrt. Kleine Friesenhäuser folgen bis zur nächsten Kreuzung; hier liegt linker

Hand ein weißes Kapitänshaus mit der Jahreszahl 1776 im Giebel. Von 1926 bis 1967 lebte in diesem Haus der Namensgeber der Straße, Magnus Weidemann, ein ehemaliger Pastor, der sich auf Sylt als Maler verwirklichte.

Die kreuzende C.-P.-Hansen-Allee war bis 1999 von mächtigen Ulmen gesäumt, die alle Opfer des Splintkäfers wurden. Die Neuanpflanzungen wirken dagegen noch etwas schmächtig. Sie folgen dem Weidemannweg bis zur Hauptstraße Gurtstig, um hinter dem Geschäft Campus, dessen Eingangstür zu den schönsten alten Türen Keitums gehört, gleich wieder rechts in die Bahnhofstraße einzubiegen. So kommen Sie zum *Denkmal von Uwe Jens Lornsen.* Er wurde 1793 in Keitum geboren und hätte das Schicksal Schleswig-Holsteins, dessen Landesteil Schleswig damals noch dänisch regiert war, gerne mittels seiner politischen Schriften beeinflusst. Ihm und seinem dramatischen Lebensweg ist eine Ausstellung im Heimatmuseum gewidmet. Ein paar Schritte weiter biegt links die Dikwai ein. Das kleine, weiße Friesenhaus rechter Hand gehörte früher Henri Nannen, dem langjährigen Herausgeber der Zeitschrift Stern. Der kleine Weg führt zur Munkmarscher Chaussee. Hier halten Sie sich rechts, um auf der Höhe der Bushaltestelle wieder rechts in den Erich-Johannsen-Wai einzubiegen. Er führt zum Takerwai im malerischsten Teil Keitums. Dicht gedrängt stehen die kleinen, zotteligen Reetdachhäuser, deren frühere Bewohner keine reichen Kapitäne waren, sondern eher Handwerker und Tagelöhner. Der Takerwai mündet in den Kirchenweg ein, der Sie links zurück zum Ausgangspunkt bringt.

2 MIT DEM RAD UM WESTERLAND

Auf dieser knapp 16 km langen Radtour durch die Stadt und über Land erleben Sie in etwas mehr als einer Stunde (ohne Stopps) die ganze Vielfältigkeit der Insel.

Starten Sie am Bahnhof. Über Wilhelmstraße (Fußgängerzone), Maybachstraße und Norderstraße, wo noch einige alte Logierhäuser aus der Bäderzeit stehen, kommen Sie zur Brandenburger Straße. Die führt Sie links zum Radwanderweg, der parallel zu den Dünen verläuft. Hier rechts nach Norden einbiegen. Die architektonischen Grausamkeiten aus den Siebzigerjahren in diesem Bereich sollten Sie geflissentlich übersehen. Nach knapp 1,5 km steht am Wegesrand ein neuer Holzbau. Hier befindet sich eine der *Messstellen für Luftqualität des Umweltbundesamtes.* Sie bietet den Sylter Gästen zahlreiche Informationen. Im offenen Foyer sind die aktuellen Luftmessergebnisse ausgehängt, auf Anfrage gibt es auch Führungen.

Kurz darauf passieren Sie die Nordseeklinik, die 1940 als Luftwaffenlazarett erbaut wurde. Keine Minute später durchqueren Sie bereits die letzte Heidefläche, die Westerland von Wenningstedt trennt. Vor den ersten Wenningstedter Häusern rechts der Ausschilderung »Sylt-Ost« folgen. Die Straße Fernsicht führt Sie zur Hauptstraße, auf der anderen Seite folgen Sie dem Grenzring weiter. Hinter der Linkskurve wieder der Ausschilderung »Sylt-Ost« folgen. So erreichen Sie die ◀▮▶ Holzbrücke, die über die Umgehungsstraße nach Kampen hinwegführt. Vor Ihnen liegt das 580 ha große *Flugplatzgelände* mit dem Tower und den Landebahnen, das nun umfahren werden muss. Die übrigen Gebäude sind ehemalige Kasernen des Fliegerhorstes, der 1939 in nur sechs Monaten Bauzeit errichtet wurde. In dem vor Ihnen liegenden Areal bestimmten einst rund 20 bronze- und eisenzeitliche Hünengräber das Landschaftsbild. Ein paar Hügel erheben sich noch heute aus der Landschaft.

Sie fahren den vor Ihnen liegenden Wanderweg knapp 1,5 km geradeaus, bis Sie auf die Straße stoßen, die Braderup mit Keitum verbindet. Hier biegen Sie rechts ab. Vorbei an Kiesgruben, erreichen Sie *Munkmarsch (S. 57)*, den einstigen Hafen der Insel, folgen der Straße weiter, passieren die *St.-Severin-Kirche (S. 44)* und kommen auf die Keitumer Landstraße, in die Sie rechts einbiegen. Auf der Höhe des Tierheims queren Sie die Straße und befinden sich jetzt in der Alten Dorfstraße von *Tinnum (S. 61)*. An der Kreuzung Ingiwai biegen Sie links ab, fahren über die Gleise und biegen gleich rechts in den Eibenweg ein, der auf den Ostertresker mündet. Dieser Straße folgen Sie und erreichen so den Koogweg. Die folgende, vielen unbekannte Strecke führt Sie durch eine Wiesenlandschaft zur *Tinnumburg (S. 62)*. Sie fahren am Tinnumer Campingplatz vorbei und sehen den Ringwall schon vor sich liegen. Hier sollten Sie unbedingt halten, um die Anlage näher in Augenschein zu nehmen. Dann folgen Sie weiter

dem Weg und passieren eine kleine Holzbrücke, die einen ehemaligen Priel quert. Hinter der Kleingartenanlage biegen Sie rechts in den Franz-Korwan-Weg ein. Auf der Höhe des Eingangs der Gartenkolonie finden Sie eine Tafel mit lesenswerten Erläuterungen und einem Ortsplan von Westerland.

Sie werden jetzt am östlichsten Rand Westerlands entlanggeführt und bleiben auf dem Weg (auch wenn die Ausschilderung zum Bahnhof Sie nach rechts ablenken möchte). Sie befinden sich jetzt auf dem Jap-Peter-Hansen-Wai. Jap Peter Hansen (1767–1855) ist den Sylter Friesen lieb und teuer. Er war der Erste, der ihre jahrhundertealte Sprache, die nur mündlich existierte, in Schriftform brachte. Er notierte auch die mal mehr, mal weniger tiefsinnigen Sprichworte der Sylter wie »Ark Drööp helpt, sair di Man en peset ön Heef« (Jeder Tropfen hilft, sagte der Mann und pisste ins Watt). An der Neuapostolischen Kirche mündet der Weg auf die Tinnumer Straße. Hier links und bald darauf wieder rechts, dann sind Sie nach wenigen Metern zurück am Bahnhof.

3 NATUR PUR ZWISCHEN STRAND UND WATT

Auf dieser knapp 10 km langen Wanderung zwischen Wenningstedt, Kampen und Braderup erleben Sie alle Landschaftsformen der Insel: Dünen und Heide, Kliff und Watt sowie Wiesenlandschaften. Ein Weg unter dem Motto »Sylt für die Seele«.

Ausgangspunkt ist der Strandübergang der Berthin-Bleeg-Straße

An einer Engstelle im Norden Kampens erreichen Sie im Nu die Wattseite

in Wenningstedt. Hier halten Sie sich nordwärts (rechts) und nehmen den Wanderweg durch die Dünen. Im ersten tiefen Dünental kann man Zeugen eines dunklen Abschnitts deutscher Geschichte entdecken: Die Betonbrocken sind letzte Reste einer schweren Marineflakbatterie zur Verteidigung der Küste im Zweiten Weltkrieg, ein kleiner Teil des großen Nordatlantikwalls. Auf der Höhe des Strandrestaurants *Wonnemeyer (S. 66)* – mittlerweile laufen Sie direkt auf der ⚜ Abbruchkante des Roten Kliffs – wurden in den Dreißigerjahren des 20. Jhs. Weltrekorde im Segelflug aufgestellt. Gleich hinter den Dünen befand sich eine Segelflugschule, die die stabilen Luftströmungen am Kliff nutzte.

Sie behalten die Richtung bei und haben von hier oben einen herrlichen Blick über den knapp 30 m unter Ihnen liegenden Strand. Bald ist der Weg versperrt. Hier biegen Sie rechts in die Dünen ein und werden direkt zur höchsten Erhebung der Insel geführt, der ⚜ *Uwe-Düne (S. 39)*. Von hier oben hat man bei guter Sicht einen traumhaften Blick über den Nordteil der Insel. Von der Düne führt ein Fußweg durch die Kampener Heide weiter nordwärts. So erreichen Sie die Sturmhaube und laufen über die Parkplätze weiter in Richtung des berühmten Hauses Kliffende. Heute ist es in Privatbesitz, doch in den Zwanzigerjahren des 20. Jhs. erholten sich hier der Maler Emil Nolde, der Dirigent Erich Kleiber, der Schriftsteller Thomas Mann. Nachdem Sie die Eingangspforte passiert haben, biegt direkt neben dem Haus ein Weg rechts in die Heide ein: ein wunderschöner Pfad, der Sie direkt durch das <mark>*Gräberfeld der Krockhooger*</mark> führt, eine geschlossene Gruppe von hohen Rundhügeln aus der Bronzezeit. Beim Bau der Nordbahn

<mark>Insi Tip</mark>

im Jahr 1908, deren Trasse heute ein Radweg ist, wurden leider einige der Gräber eingeebnet. Sie kreuzen den Radweg, kommen zur Hauptstraße, die Sie ebenfalls queren, um auf der anderen Seite dem Radweg nach Norden (links) zu folgen. Nach 200 m biegen Sie rechts in den Fußweg Grönning ein. An dieser schmalen Stelle kommen Sie bald auf die Ostseite der Insel. Sie laufen am Fuße eines Abhanges entlang, dem Rand des eiszeitlichen Geestkerns. Das Gelände links von Ihnen ist hingegen Marschenland. Die Häuser hier gehören zu den teuersten Immobilien Deutschlands. Auffällig ist ein großer, grauer Baukörper mit einem kleinen Turm. Die so genannte »Springer-Burg« gehörte einst dem Verleger Axel Springer.

Der vor Ihnen liegende Weg ist jetzt eindeutig. Immer am Watt entlang, führt er Sie im Bogen in Richtung Süden zurück. Wenn Sie den Pfad am Wasser verlassen und sich rechts orientieren, befinden Sie sich bald im Naturschutzgebiet der Braderuper Heide, die an den Ort Braderup grenzt. Hier halten Sie sich

rechts und kommen an die Hauptstraße M.-T.-Buchholz-Stig. An der Hauptkreuzung beim Friesenlädchen biegen Sie in den Terpwai ein, es sei denn, Sie haben noch Lust und Zeit, sich das *Naturzentrum (S. 31)* anzusehen. Der Terpwai wird zur Braderuper Straße, und wenn Sie immer geradeaus gehen, kommen Sie nach 2 km wieder zu Ihrem Ausgangspunkt zurück.

Wer (verständlicherweise) nicht so gerne an der Hauptstraße entlanggehen möchte, kann folgende Alternativroute nehmen, die allerdings etwas länger ist: Vom Terpwai rechts in den Brönswai einbiegen. Am Ende links dem Fußweg folgen, der am Gelände des Golfplatzes entlangführt. Der Weg mündet auf die kleine, asphaltierte Straße Gaadt. Dieser folgen Sie links und werden so unter der Umgehungsstraße nach Kampen hindurchgeführt. Gleich sind Sie am *Dorfteich (S. 64)* mit der Friesenkapelle, hinter der das steinzeitliche Grab *Denghoog (S. 64)* liegt. Wenn Sie sich dann links halten, kommen Sie wieder in die Berthin-Bleeg-Straße zurück.

Nördlichster »Berg« Deutschlands: die stattliche 52 000 mm hohe Uwe-Düne

Der Wind bewegt alle

**Und das sogar im Wortsinn:
Segler und Surfer, Segelflieger und Radfahrer.
Letztere pflegen eine Hassliebe**

Das Sportangebot auf Sylt ist in den letzten Jahren erfreulich gewachsen. Dabei ist die gute Luft für die Bewegungsfreudigen wie ein zusätzliches Geschenk, tief einatmen ist kein Problem. Wer sich auf Sylt viel in der frischen Luft bewegt, sollte allerdings niemals auf den ausreichenden Lichtschutzfaktor verzichten – selbst in der kühleren Jahreszeit! Die frischen Nordwestwind-Wetterlagen können tückisch sein: Die reinen, vom Pol kommenden Winde sind fast frei von Schwebstoffen, die Strahlung trifft ungefiltert auf die Haut, was man durch die Kühle des Windes oft zu spät merkt.

FLIEGEN

Auf dem Westerländer Flughafen (im Ostteil, Zufahrt über die Munkmarscher Chaussee Nähe St.-Severin-Kirche) haben die Segelflieger *(AeroClub Sylt e. V. (Tel. 426 51)* ihre Flugschule. Sonntags werden Begleitflüge angeboten. Motorflüge sind möglich bei der *Flugschule Sylt*

Nicht nur zum Surf-World-Cup im September ist Surfen die Sylter Sportart Nummer eins

(Tel. 78 77). Wer ausreichend Zeit (mindestens fünf Wochen) mitbringt, eine fliegerärztliche Tauglichkeitsprüfung in der Tasche hat, ein Führungszeugnis und keine Punkte in Flensburg, kann auf Sylt auch fliegen lernen.

GOLF

Golfen ist auf Sylt auf Grund der wunderschönen Naturlandschaften ein Erlebnis. Die größte Herausforderung ist der (Gegen-)Wind! Insgesamt gibt es drei Golfplätze, allerdings darf der Morsumer Platz nur von Mitgliedern genutzt werden. In Wenningstedt finden Sie den *Golf-Club Sylt e. V. (Norderstr., Tel. 453 11)*, einen 18-Loch-Platz ==inmitten bronzezeitlicher Grabanlagen.== **Insider Tipp** Neuerdings gibt es einen 6-Loch-Kurzplatz, ideal für Anfänger. Die hauseigene Golfschule wird geleitet von *Graham Clark (Tel. 455 22)*. Auf dem großen Gelände des Inselflughafens liegt der 9-Loch-Golfplatz *Marine-Golf-Club-Sylt e. V. (Tel. 92 71 53)*. Hier geht es nicht ganz so snobby zu. Wer diesen Sport erst noch lernen möchte, wendet sich an *Allen Owen (Tel. 313 30)*.

Für Golfer ist öfter der Gegenwind als das Gegenlicht eine Herausforderung

RADFAHREN

Rund 300 km Radwege laden ein, die Insel auf dem Fahrrad zu erkunden. Dabei kann der eigene Drahtesel gern zu Hause Urlaub machen, denn in jedem Inselort sind Räder in vielerlei Ausstattung zu mieten. Gangschaltung ist obligatorisch, und ob man ein Trekkingrad, ein Tandem für Kinder oder Anhänger für Kinder/Tiere haben möchte: Es bleiben keine Wünsche offen. Die Fahrradwege sind in den letzten Jahren sehr gut ausgebaut worden. Bevor Sie aufbrechen, sollten Sie die Windrichtung prüfen – wer mit kräftigem Westwind nach Morsum radelt, kann sonst auf dem Rückweg eine Überraschung erleben. Manche Verleiher bieten auch einen Bring- und Abhol- und einen Oneway-Service an, z. B. *Velo-Quick (Stadumstr. 10, Westerland, Tel. 215 06)* oder *M & M (Dirksstr. 65, Tinnum, Tel. 357 77)*. Die Preise pro Rad liegen zwischen 5 und 10 Euro am Tag, es gibt ermäßigte Wochentarife.

REITEN

Knapp 90 km Reitwege gibt es auf der Insel: wunderschöne Pfade, die teilweise durch Dünen, Wiesen und am Watt entlangführen. Wer sein eigenes Pferd mitbringen möchte, benötigt eine Genehmigung vom *Amt Landschaft Sylt (Tel. 934 00)*. Viele Reitställe bieten professionellen Unterricht an. Ponys für Kinder und Erwachsene sowie Ausritte gehören zum Angebot von *Bodil's Ponyfarm (Braderup, Terpwai 20, Tel. 424 44)*. Die Reitschule *Volquardsen (Braderup, Lojthoog Wung, Tel. 443 69)* bietet Reiten nach der Feldenkraismethode und therapeutisches Reiten an. In Keitum finden Sie die *Reitschule Grün-*

hof von Jan Andersen *(Süderstr. 80, Tel. 312 08)*. Ausritte ans Watt offeriert ebenfalls in Keitum der *Reitstall Hoffmann (Gurtstig 46, Tel. 315 63)*. Auf dem Morsumer *Reiterhof Lohbach (Litjmuasem 14, Tel. 89 02 39)* können Sie reiten lernen, und wers schon kann, darf mit den Pferden hinaus in die Natur. Eine professionell geführte Reitanlage mit Fachpersonal ist der *Olivenhof* in Tinnum *(Ingewai 40, Tel. 329 06)*. Ebenfalls in Tinnum bietet der *Reitstall Wiesengrund (Boy-Peter-Eben-Weg, Tel. 31 60)* täglich Strandausritte an.

TAUCHEN

Neuerdings kann man auf Sylt auch tauchen. Nach einem Einweisungskurs vor Hörnum werden Seegraswiesen bewundert oder ein 40 m langes Wrack vor Kampen. Da Tauchgänge nur bei optimalen Wetterverhältnissen möglich sind, sollten Sie am besten schon vor Reiseantritt Kontakt mit *Stephan Rudloff (Tel. 0171 / 273 57 52, www.tauchen-auf-sylt.de)* aufnehmen.

TENNIS

Wer sich auf den Spuren von Boris Becker und Steffi Graf sportlich betätigen will, hat auf Sylt drei Möglichkeiten: Zwischen Kampen und Wenningstedt liegt die Norddörferhalle. Hinter dieser befinden sich die vier Außenplätze (Allwetterplätze) des *Tenniscenters Norddörfer (Norderstr., Anmeldung Tel. 427 10)*, die von April bis Oktober bespielt werden können. Der *Tennisclub Westerland (Am Seedeich 38, Tel. 67 29)* ermöglicht mit zehn Außenplätzen (Asche) und drei Hallenplätzen (Teppich) ganzjähriges Spiel. Ausleihe von Material, Partnerbörse. Reservierung ist sinnvoll. Einen Außen- und einen Hallenplatz sowie Saunaanlage bietet die *Tennisanlage Rantum (April–Okt., Hafenstr. 12, Tel. 225 84)*.

WASSERSPORT

Der Surfsport nimmt auf Sylt eine Spitzenposition ein. Calle Schmidt von *Syltsportiv (Munkmarsch, Heefwai 4, Tel. 93 50 77)* macht man nichts mehr vor, er gibt seit über 30 Jahren Surfkurse. Sein Unterrichtsrevier liegt in der Nähe des Munkmarscher Hafens. Neben Aufbaukursen werden auch Jollen- und Catsegelkurse angeboten. Hans Heinickes Blockhütte 🏃 *Sunset Beach (Brandenburger Str. 15, Tel. 271 72)* am Westerländer Strand kennt wohl jeder Syltsurfer. Vor seiner Haustür findet der alljährliche Surf-World-Cup statt. In der übrigen Zeit wird unterrichtet: Schnupperkurse, Auffrischungskurse oder Brandungssurfen, außerdem Wellenreiten, Kitesurfen und Catsegeln. Im Winter surft Jörg Beneke selbst in wärmeren Gefilden. Aber von Mai bis Oktober wird in Wenningstedt im *Camp one (Übergang Risgap, Tel. 433 75)* unterrichtet, und zwar Windsurfen, Boogieboarden, Waveski, Skimboarden, Kitesurfen und seine Spezialität Wellenreiten. Eine weitere Besonderheit ist der Unterricht extra für Kinder und Jugendliche. Im Sylter Norden unterrichtet Christian Dinklage im *Wassersport Center List (Hafenstr., Tel. 94 40 78)* Surfen. In Hörnum soll 2002 die Segelschule *Sylter Catamaran Club* eröffnet werden. Informationen unter *Tel. 228 43*.

40 Kilometer Sandkiste

**Sylturlaub mit Kindern: ein Kinderspiel,
denn es gibt an fast jeder Ecke etwas zu entdecken**

Die zwölf Ortschaften auf Sylt haben sich alle auf Kinder eingestellt – allerdings einige mehr und andere weniger. An erster Stelle für Familienurlaub steht Wenningstedt mit seinen vielen Veranstaltungen für Kids. Vor der Reservierung sollten Sie genau überlegen, was vor Ort wichtig sein wird – je nachdem ob der Nachwuchs schon aus dem Gröbsten raus ist oder sich noch im Krabbelalter befindet. Wer sich mit kleinen Kindern hauptsächlich am Strand aufhalten möchte, für den sind die Dörfer im Osten nicht das Idealste. Und wenn der Vermieter mit »nur 200 m bis zum Strand« wirbt, sollten Sie sich erkundigen, wo der nächste Strandübergang ist. 200 m Luftlinie können sonst tatsächliche 1500 m Fußweg sein.

Viele Apartmentvermieter haben sich ebenso auf Kinder eingerichtet wie Restaurantbesitzer. So steht vor der Strandhütte Wonnemeyer am Wenningstedter Strand ein riesiges Spielschiff, die Sturmhaube in Kampen hat neuerdings einen eigenen Spielplatz, und auch

Ein Highlight für große und kleine Kinder ist der sommerliche Mitmachzirkus in Wenningstedt.

elegante Restaurants wie beispielsweise das Hardy auf Sylt in Westerland zeichnen sich durch aufmerksamen Service für Familien mit Kindern aus.

Mehrere Einrichtungen bieten ein Kinderbetreuungsprogramm an: Toben, lachen, spielen, basteln mal ohne Mama und Papa können Kinder in der *Villa Kunterbunt (Tel. 99 82 75)* an der nördlichen oberen Promenade in Westerland, im *Dorint Kinderclub (Neues Schützenhaus, Tel. 85 04 44)* oder im *Kamp'ino Kinderclub* in Kampen *(Tel. 469 80)*. Wer in Wenningstedt urlaubt, meldet sich bei *Papermoon (Tel. Kurverwaltung 44 70)*. Und wer Bollerwagen oder Buggy, Rückentrage oder Babybett nicht im Reisegepäck verstauen will, kann das gewünschte Teil bei *Harlekin (Strandstr. 6–8, Tel. 20 11 36, harle kinmatze@aol.com)* in Westerland mieten.

Kinderschwimmen   [102 A2]
Wem die Nordsee zu kalt ist, der geht in die Sylter Welle. Das Schwimmbad in Westerland hat viele Attraktionen für die Sprösslinge. Die Post geht ab auf der 45 m langen Wasserrutsche, für die Jüngsten gibt es ein Planschbecken

und ein Kugelbad und für die Abenteurer das Wikingerspielschiff. Erkundigen Sie sich nach den verschiedenen Familientarifen! *So/Mo 10–21, Di–Sa 10–22 Uhr, Strandstr. 32, Familienkarte 21 Euro*

Legoland [0]

Wem die große Zahl der Angebote nicht reicht, der sollte einen Ausflug nach Dänemark unternehmen: Bei Billund liegt ein Traum aus 42 Mio. Legosteinen. Da schlagen nicht nur Kinderherzen höher. Im Sommer bietet die *Sylter Verkehrsgesellschaft (Tel. 836 10 29)* regelmäßige Fahrten an. *42 Euro, Kinder 38 Euro, www.legoland.dk*

Mini-Motocross-Sylt [100 B5]

Auf der Kindermotorradbahn hinter der Norddörferhalle zwischen Kampen und Wenningstedt dürfen Steppkes ab sechs Jahren (vorausgesetzt, sie können Fahrrad fahren) auf Minimotorrädern mal so richtig heizen. Auf 30 km/h können sie dabei immerhin kommen. *Juni bis Aug. bei trockenem Wetter tgl. 10 bis 13 und 15–20 Uhr, 10 Min. 6 Euro*

Mitmachzirkus [100 B5]

Eines der besten Angebote für Kinder! Im Insel-Circus können die Kleinen zeigen, was in ihnen steckt. Jeden Montag im Juli und August beginnt das wöchentliche Training, dessen Abschluss die große Zirkusgala vor Eltern, Geschwistern, Oma und Opa oder Freunden ist. Mit bewundernswertem Einfühlungsvermögen und pädagogischem Geschick werden die Kinder an Jonglierbälle, Trapez oder Einrad herangeführt, und das Unvorstellbare wird Wirklichkeit, wenn die kleinen Clowns und Feuerspucker die Manege betreten. Der großen

Stinkt, macht Lärm und zischt ab: Kein Wunder, dass viele Kids das Mini-Motocross zwischen Kampen und Wenningstedt lieben

Nachfrage wegen ist frühzeitige Anmeldung dringend erforderlich. *Zirkustelefon (ab Anfang Juli) 29 94 99 oder Kurverwaltung Wenningstedt, Tel. 44 70*

Piratenfahrt [99 E4]
Von Ostern bis Oktober heißt es dienstags und freitags im Lister Hafen »Auf zur Kaperfahrt!«. Dann legt um 16 Uhr die Gret Palucca mit Kindern und Eltern nicht nur zur Schatzsuche ab. Alle werden zünftig eingekleidet und können sich auf eine unvergessliche Tour freuen. *Adler Reederei, obligatorische Anmeldung Tel. 87 72 80, 15 Euro, Kinder 9,50 Euro*

Ponyreiten
Zehn bis zwölf Ponys drehen im Sommer auf einer kleinen Wiese des *Ponyhofs Tinnum (102 C3, Dirksstr., Tel. 326 01, 1 Runde 1,50 Euro, 15 Min. 5 Euro)* ihre Runden. Auch auf *Bodil's Ponyfarm in Braderup (100 B6, Terpwai 20, Tel. 424 44, 1 Runde 4,50 Euro, 15 Min. 8,50 Euro)* können Kinder auf den Ponysattel steigen.

Sommerland [0]
20 km nördlich der deutsch-dänischen Grenze liegt dieser größte Freizeitpark Südjütlands mit bemerkenswerten Attraktionen. *Mai–Sept. tgl. 10–17 Uhr, 18 Euro, Kinder bis 3 Jahre frei, www.sommerland-syd.dk*

Strandolympiade [100 A5–6]
Seit fast 30 Jahren organisiert ein leidenschaftlicher Syltfan jedes Jahr im Juli vor Wenningstedt die so genannte Strandolympiade in der Art von »Spiel ohne Grenzen«: ein Spaß für die ganze Familie – es gibt Urlauber, die ihren Ferientermin extra nach diesem Event richten. Auskunft: *Kurverwaltung Wenningstedt, Tel. 44 70*

Teeniedisko [100 B4]
Wer schon zehn Jahre alt ist und nicht mehr länger warten möchte, um wie die Großen abzuhotten, muss nach Kampen. Die Edeldiskos *Pony* und *Club Rotes Kliff* bieten einmal wöchentlich im Wechsel Tanz ab 18 Uhr. Auskunft: *Kurverwaltung Kampen, Tel. 469 80*

Tierpark Tinnum [102 C4]
Der Tierpark von Tinnum ist ein echter Geheimtipp. Eine solch liebevolle Präsentation von (hauptsächlich einheimischen) Tieren, die gestreichelt werden können, gibt es selten. Ein parkähnliches Gelände und ein großer Spielbereich lassen den Besuch leicht zum Ganztagesausflug (Picknick mitnehmen!) werden. *Mai–Okt. tgl. 10–19 Uhr, 12 Euro, Kinder 6 Euro, Ringweg 100*

Trampolin [100 A6]
Am Wenningstedter Kliff können sich Kids so richtig austoben. Das Restaurant Kartoffelkiste betreut sechs Trampolinplätze. Während die Erwachsenen bei einem Gläschen Wein den Sonnenuntergang genießen, ist der Nachwuchs mit Wichtigerem beschäftigt. *April–Okt. tgl. 10–22 Uhr, 10 Min. 1 Euro*

Wattführungen für Kinder [107 E4]
Ein Spaziergang zu Willy Wattwurm & Co. ist für Kinder ein Riesenerlebnis. Die Schutzstation Wattenmeer bietet wöchentlich Führungen extra für Kids an. *Immer zur Ebbe, Tel. 88 10 93, gratis, Spendenempfehlung 1,50 Euro*

Angesagt!

Was Sie wissen sollten über Trends, die Szene und Kuriositäten auf Sylt

Heiße Vollmondpartys in der Düneneinsamkeit

Sechsmal im Sommerhalbjahr wird man auf Sylt mondsüchtig. Dann feiert Klaus »Bambus« an seiner einsam gelegenen Buskehre im Inselnorden beim Lister Königshafen seine legendären Vollmondpartys – egal ob der Mond nun zu sehen ist oder nicht. Oft mit Livemusik!

Nightlife

Das Nachtleben für junge Leute findet zum überwiegenden Teil in Westerland statt:
Bei Cocktails wie Sex on the Beach oder Mexican Food läuft der Countdown im *American Bistro (Paulstr. 3).* Entweder man bleibt dann gleich vor Ort oder geht ein Stockwerk tiefer in die *American Dance Hall:* Techno und House im kultig-orangefarbenen Keller, dessen Bartresen aus einem Fünfzigerjahre-Chevrolet-Schlitten gearbeitet ist. 365 Tage im Jahr hat die *Bistrobar Cohibar (Bötticherstr. 10)* geöffnet. Für die rechte Einstimmung in den Abend sorgt die passende Musik. Ein Treff ab 18 Uhr ist *Le bon Croque (Bismarckstr. 3),* ein Insider-laden (viele Sylter) für alle, die zu aktuellen Hits auch gern mal quatschen möchten. Das *Rock Island (Strandstr. 2–5)* ist die rockige Kellerdisko im Herzen der Stadt. Hier steigen regelmäßig Mottopartys, und Eintritt kostet es nur bei Konzerten und Events.
In *Tommys Musikcafé (Bomhoffstr. 8 a)* treffen sich alle – Teenies, Zivis, Bundis, Azubis und Touris –, um zu Rock oder Reggae abzuhotten. In der Saison ist der Laden ab 22 Uhr voll. »Ich will keine Schokolade« tönt es aus der *Wunderbar (Paulstr. 6):* Schlager zum Mitsingen bis zum Abwinken, und die Gäste findens wunderbar …

Kino

Die Insel hat zwar noch kein Cinemaxx, aber seit neuestem immerhin endlich ein modernes Kinocenter, die *Kinowelt.* Hier werden die Filme, von denen überall gesprochen wird, nicht erst mit dreimonatiger Verspätung gezeigt. *Strandstr. 9, Tel. 83 62 20*

Von Anreise bis Wetter

Hier finden Sie kurz gefasst die wichtigsten Adressen und Informationen für Ihre Syltreise

ANREISE

Mit der Bahn *(Tel. 01805/ 99 66 33, www.bahn.de)* über den Hindenburgdamm, entweder im Personenzug (ab Hamburg knapp 3 Std., ab Niebüll rund 40 Min.) oder per Autozug, Sylt-Shuttle *(Tel. 04651/995 05 65, www.dbauto zug.de)* genannt. Die Verladung erfolgt in Niebüll, das man am schnellsten über die A 7 bis Flensburg-Harrislee, ab da über die B 199 erreicht. Die einfache Fahrt mit einem PKW bis 6 m kostet 42, die Hin- und Rückfahrt 77 Euro. Neben dem Sylt-Shuttle gibt es Autozüge von Stuttgart, Frankfurt, Dortmund und Düsseldorf.

Wer nicht auf das Gefühl verzichten möchte, auf eine Insel zu fahren, sollte über Dänemark mit den Fähren der Rømø-Sylt-Linie *(Tel. 01803/10 30 30, www.romo-sylt.dk)* anreisen, die in List anlegen. Dauer rund 50 Min., einfache Fahrt in der Saison mit einem PKW bis 4,39 m 35, Hin- und Rückfahrt 53 Euro.

Flugverbindungen gibt es im Sommer von zahlreichen deutschen Flughäfen, allerdings wechseln die Airlines jährlich. Der Winterflugplan ist stark eingeschränkt. *Tel. 04651/92 06 12, www.flugha fensylt.de*

AUSKUNFT

Fremdenverkehrszentrale
Im Bahnhofsgebäude von Westerland erhält der frisch Angereiste alle nötigen Informationen. Das Büro übernimmt auch die Zimmervermittlung. *Tel. 04651/99 88, Fax 99 85 55*

Sylt-Marketing-Gesellschaft
Gastgeberverzeichnisse und Informationen zu allen Themen. *Stephanstr. 6, 25980 Westerland, Tel. 04651/820 20 oder 193 44, Fax 82 02 22, www.natuerlich-sylt.de*

BADEN

Ein Bad in der Sylter Brandung gilt als anregend, gesundheitsfördernd und kräftigend. Die Wasserqualität ist eine der besten an der ganzen Nordseeküste. Sie wird ständig kontrolliert. Nur manche Strömungen können gefährlich werden. Deshalb haben die Kurverwaltungen bewachte Strandabschnitte eingerichtet, die von Rettungsschwimmern beaufsichtigt werden. Wenn an deren Strandkarren ein roter Ball gehisst wird, ist Baden nur unter Aufsicht erlaubt, zwei rote Bälle signalisieren Badeverbot. Gelbe Andreaskreuze weisen auf die (bei Hochwasser nicht zu sehenden!) Buhnen hin. Diese Küstenschutzwerke können gefährliche Strömungswirbel bilden. Wer ihnen zu nahe kommt, muss mit Verletzungen rechnen, denn einige bestehen aus verrostetem Stahl, und die erodierten Spundwände ragen wie offene Sägeblätter ins Wasser.

Wer den Boden unter den Füßen verliert, kann von einer seewärts ziehenden Strömung erfasst werden, dem Trekker, der sich an den engen Stellen zwischen den Sandbänken aufbaut. Wer an einem unbewachten Badestrand in diesen Sog gerät, sollte nicht in Panik geraten und auf keinen Fall dagegen ankämpfen. Hinter den Sandbänken verliert der Trekker seine Kraft, wer ein Stück parallel zur Küste schwimmt, kann fernab dieser Strömung wieder den Strand erreichen.

Die Wasser- und Lufttemperaturen sind an den Strandübergängen ausgehängt. Das Nordseewasser erreicht auch im Hochsommer selten 20 Grad. Wer es lieber etwas wärmer hat, dem sei das Wattenmeer empfohlen (bei Hochwasser kann man problemlos an der Ostseite der Insel schwimmen), denn wenn die Flut über den aufgewärmten, dunklen Wattenmeerboden geströmt ist, erreicht das Wasser hier Temperaturen bis 28 Grad!

BUSSE

In Westerland gibt es vier Stadtbuslinien *(1,20 Euro)*, die im 30-Minuten-Takt verkehren. Wer mit dem Autozug angereist ist, fährt hier drei Wochen lang mit bis zu vier Perso-

nen umsonst; wer dagegen umwelt-
freundlich das Auto gar nicht mit
auf die Insel bringt, wird gegen alle
Logik zur Kasse gebeten.

Der Busbahnhof, kurz ZOB,
liegt direkt am Bahnhof Westerland. Fünf Linien der Sylter Verkehrsgesellschaft (SVG) bedienen in
der Saison im 20-Minuten-Takt (im
Winter alle 30 Minuten) alle Inselorte. Das Preissystem ist etwas
kompliziert, da es feste Tarifzonen
gibt. Die Fahrt innerhalb einer Zone
kostet 1,30 Euro, egal wie weit. Es
kann aber auch passieren, dass Sie
nur 500 m fahren und 1,80 Euro
zahlen, wenn Einstieg und Ausstieg
zwei Zonen berühren. Günstiger
fährt, wer die wiederaufladbare
SVG-Spar-Card für 15 Euro erwirbt.
Außerdem gibt es Tages-, Wochen-
und Monatskarten, wobei die Ta-
geskarten *(Mini: 11 Euro, 1 Er-
wachsener, 2 Kinder; Maxi: 16 Euro, 2 Erwachsene, 3 Kinder)* überdies 50 Prozent Ermäßigung auf die
Kurzschifffreisen der Adler-Reederei
gewähren. Der Reeder ist nämlich
zufällig auch der Eigner der SVG ...
Wer sich auf einer Radtour über-
schätzt hat, kann die Linienbusse
ebenfalls nutzen, denn alle sind mit
einem Fahrradgestell für bis zu fünf
Räder ausgerüstet.

FKK

Mittlerweile hat jeder Ort einen
FKK-Strandabschnitt. Die Grenzen
zu den Textilstränden sind fließend.
Schon Mitte des 19. Jhs. wurde von
einem Badearzt das Nacktbaden
propagiert. Aber erst hundert Jahre
später wurden auf Sylt offizielle
Nacktbadestrände eingerichtet, denen man so exotische Namen wie
Abessinien oder Samoa verpasste.

GESUNDHEIT

Auf Sylt herrschen überwiegend
Seewinde. Wenn sie auf die Küste
treffen, sind sie extrem schadstoff-
arm und unbelastet von jeglichen
Allergenen. Der Grund hierfür liegt
zum einen in der Industrieferne der
Insel, zum anderen reinigt sich die
Luft über dem Meer. Besonders ge-
sund ist ein Spaziergang am Strand
entlang der Brandung, denn so werden durch die Atmung die salzrei-
chen und heilenden Meerwasser-
aerosole aufgenommen. Wer über
die Zusammensetzung der Sylter
Luft mehr erfahren will, kann sich
bei der *Messstelle Sylt des Umwelt-
bundesamts in Westerland (Lornsen-
weg 9, Tel. 824 40 50)* informieren.

GEZEITEN

Für längere Strandspaziergänge ist
es sinnvoll, sich vorher über Ebbe
und Flut in einem Tidenkalender zu
informieren, die kostenlos in allen
Kurverwaltungen erhältlich sind.
Denn wer bei Flut losmarschiert,
muss mühevoll durch den hohen
Sand gehen. Bei Ebbe hingegen
läuft man über jenen Sand, der von
der vorangegangenen Flut förmlich
festgewalzt wurde.

Da das Wasser 6 Stunden und
13 Minuten aufläuft (Flut) und
ebenso lange abläuft (Ebbe), erge-
ben zwei Tiden (Ebbe und Flut =
Tide) knapp 25 Stunden. Das ist der
Grund dafür, warum die Zeiten für
Hochwasser (Fluthöchststand) und
Niedrigwasser (tiefste Ebbe) täglich
um rund eine Stunde wandern. Die
Zeiten sind von Ort zu Ort ver-
schieden, besonders groß ist der
Unterschied zwischen West- und
Ostseite der Insel.

HUNDE

Hunde sind auf Sylt willkommen. Es gibt zahlreiche Hundestrände, und die Wanderwege eignen sich, um den Hunden den ausreichenden Auslauf (an der Leine!) zu verschaffen. Ein Problem sind immer wieder Hundeeigner, die ihre Vierbeiner in völliger Unkenntnis der örtlichen Verhältnisse (wo brüten Austernfischer, wann ist Lämmerzeit?) frei herumlaufen lassen.

INSELRUNDFAHRT

Wer zum ersten Mal nach Sylt reist, für den empfiehlt sich eine Inselrundfahrt per Bus (täglich Abfahrten vom Bahnhof). Man bekommt einen guten Eindruck von der Verschiedenartigkeit der Ortschaften, und die Orientierung wird später erheblich leichter fallen. *SVG, Tel. 04651/83 61 00*

INTERNET

Wer »Sylt« in die Suchmaschinen eingibt, ist ein paar Tage beschäftigt. Die informativsten Internetseiten: *www.sylt.de, www.sylt-links. de, www.sylt-news.de, www.sylt-buchen.de, www.abc-sylt.de, www. sylt-westerland.de, www.sylt.net, www.sylt-az.de*

INTERNETCAFÉS

In Westerland kann man direkt im *Bahnhofsgebäude* ein Terminal nutzen; gleich gegenüber befindet sich *Traumfoto (Kirchenweg 5).* Weitere Anlaufstellen sind der CD-Shop des technischen Kaufhauses *H. B. Jensen (Maybachstr. 10),* das Foyer des *Tourismusservice Westerland*

(Strandstr. 35), die Ladenpassage des Kurzentrums *Vivasylt.com (Andreas-Dirks-Str. 6)* und die *Bücherei (Stephanstr. 6 b).* In List kann man in der *Kurverwaltung (Am Brünk 1)* surfen oder im *Achter'n Dieck/Soldatenheim (Hafenstr. 19),* von dessen Namen man sich nicht abhalten lassen sollte – es handelt sich um eine kirchliche Institution. In Wenningstedt bietet sich in der *Kurverwaltung (Strandstr. 25),* in Tinnum bei *Surf Point Sylt (Ingewai 3 c)* die Möglichkeit zum Surfen.

KARTENVORVERKAUF

Für alle größeren Veranstaltungen hat sich ein Online-Kartenvorverkaufssystem etabliert, dem die Sylt-Marketing Gesellschaft und die Kurverwaltungen in Keitum, Kampen, List und Wenningstedt angeschlossen sind sowie das Kaufhaus H. B. Jensen und die Buchhandlung Voss (beide Friedrichstr./Westerland).

KLEIDUNG

Wer sich in der Sylter Natur bewegt, sollte darauf achten, atmungsaktive Kleidung zu tragen. Das so genannte Zwiebelschalenprinzip bewährt sich dabei am besten: Mit mehreren (leichten) Pulloverschichten kann man sich am einfachsten den Temperaturverhältnissen anpassen. Durch die Pullover kann der Wind bis an die Haut dringen und sie massieren. Auf diese Weise wird der Stoffwechsel kräftig angeregt.

KURTAXE

Jeder Gast auf Sylt muss pro Tag eine Kurabgabe zahlen, die je nach

Aufenthaltsdauer, Ort und Saison variiert (maximal: 3,50 Euro für Tagesgäste in der Hochsaison). Sie wird u. a. für die Strandreinigung, die Finanzierung der Rettungsschwimmer oder für Kurkonzerte verwendet. Die Vermieter stellen die Gästekarten aus, ohne die man keinen Zugang zum Strand erhält. Wer privat unterkommt, erwirbt die Kurkarte bei der örtlichen Kurverwaltung.

MÜLLENTSORGUNG

Apartmentgäste werden unweigerlich mit der Sylter Mülltrennung konfrontiert. So findet man am Haus eine gelbe Tonne, die für den mit dem grünen Punkt gekennzeichneten Müll gedacht ist. Dafür ist die grüne Tonne nur für Papier und Pappe gedacht. In die braune Tonne gehört kompostierbarer Abfall, und zu guter Letzt gibt es noch die graue Tonne, in die all das hineingehört, was man in den anderen Tonnen nicht losgeworden ist. Außer Glas! Dafür gibt es an vielen zentralen Stellen Glascontainer – natürlich wiederum getrennt für Bunt- und Weißglas …

NATURSCHUTZ

Die unberührte Natur der Insel Sylt ist ihr größtes Kapital. Mit zehn Naturschutzgebieten stehen insgesamt 3600 ha Inselfläche unter Protektion. Dazu kommen die riesigen Wattflächen, die seit 1986 Nationalpark sind. Viele der geschützten Flächen kann man allein erwandern, doch oftmals ist es interessanter, sich den Führungen der betreuenden Vereine anzuschließen. Die Schutzgebiete Morsum-Kliff und

Was kostet wie viel?

Imbiss 3,30 Euro für ein Krabbenbrötchen

Strandkorb 7 Euro für die Miete pro Tag

Bier 3 Euro für 0,4 Liter

Kaffee 2 Euro für eine Tasse

Kuchen 2,90 Euro für ein Stück Friesentorte

Kurtaxe 3,50 Euro für eine Tageskarte in der Saison

Braderuper Heide werden von der Naturschutzgemeinschaft Sylt e. V. *(M.-T.-Buchholz-Stig, Braderup, Tel. 444 21)* betreut, die Hörnum-Odde und die südlichen Watten von der Schutzstation Wattenmeer *(Steintal, Hörnum, Tel. 96 70 47)*. Sehenswert ist ebenfalls das Gelände der Kampener Vogelkoje, einer ehemaligen Entenfanganlage aus dem 18. Jh. *(Söl'ring Foriining, Am Kliff 19 a, Keitum, Tel. 328 05)*. Für alle Schutzgebiete gilt, dass man auf den offiziellen Wegen bleibt, die ausreichend vorhanden sind, auch wenn Trampelpfade einen verleiten, querfeldein zu gehen.

NOTRUF

Polizei *110;* Feuerwehr *112*

SAISONZEITEN

Die Sylter Saison beginnt zu Ostern. Spätestens zu diesem Termin sind alle Restaurants und Hotels wieder geöffnet und dann bis zum Ende der Herbstferien. Damit Sie im Winter nicht vor verschlossenen Türen stehen, sollten Sie einen Anruf nicht scheuen, denn auch Sylter brauchen Urlaub. Die meisten Betriebsferien fallen in die Monate November bis Februar. Weihnachten, Silvester und das Biikefest gelten jedoch als Hochsaison.

Vorwahl Sylt
Die Vorwahl für alle Orte auf Sylt ist *04651*.

Das Image von Sylt als der Insel der Reichen wird zwar von der Presse gepflegt, trifft aber nicht wirklich zu. Man kann auf Sylt Unterkünfte in jeder Preisklasse finden, vom Zimmer mit Frühstück für 20 oder 30 Euro bis zur Suite für 850 Euro pro Nacht. Während Kampen, Braderup und Keitum ein eher teures Pflaster sind, findet man in Tinnum und Hörnum noch preiswerte Unterkünfte. Je näher ein Apartment oder Zimmer zum Strand liegt, umso kostspieliger ist es (unabhängig von der Ausstattung). Dasselbe gilt für Unterkünfte unter Reet und in historischen Häusern. In der Nebensaison gibt es attraktive Sonderangebote. Wer mit seiner Herberge nicht glücklich ist, sollte sich schon während des Urlaubs um eine neue Unterkunft fürs nächste Mal kümmern: Man lernt seine Vermieter schon mal kennen und kann die Ausstattung der Zimmer persönlich in Augenschein nehmen.

Wetter in Westerland

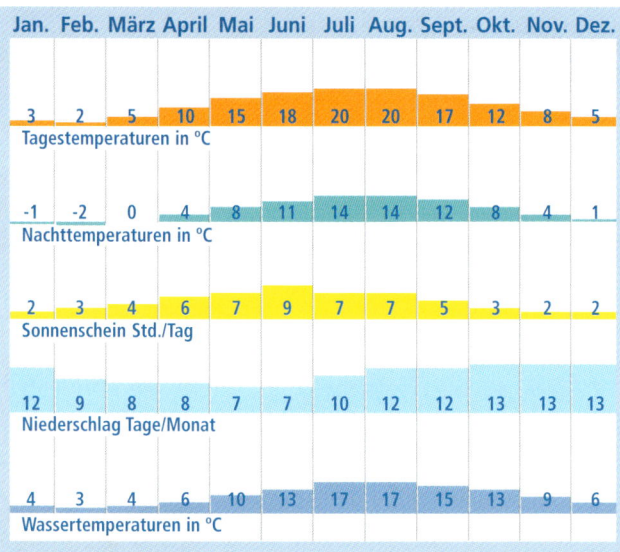

	Jan.	Feb.	März	April	Mai	Juni	Juli	Aug.	Sept.	Okt.	Nov.	Dez.
Tagestemperaturen in °C	3	2	5	10	15	18	20	20	17	12	8	5
Nachttemperaturen in °C	-1	-2	0	4	8	11	14	14	12	8	4	1
Sonnenschein Std./Tag	2	3	4	6	7	9	7	7	5	3	2	2
Niederschlag Tage/Monat	12	9	8	8	7	7	10	12	12	13	13	13
Wassertemperaturen in °C	4	3	4	6	10	13	17	17	15	13	9	6

Reiseatlas Sylt

Die Seiteneinteilung für den Reiseatlas finden Sie auf dem hinteren Umschlag dieses Reiseführers

Mit freundlicher Unterstützung von

kein urlaub ohne
holiday autos

www.holidayautos.com

total relaxed in den urlaub: einsteiger-übung

1. lehnen sie sich entspannt zurück und gleiten sie in gedanken zu den cleveren angeboten von holiday autos. stellen sie sich vor, als weltgrösster vermittler von ferienmietwagen bietet ihnen holiday autos

   - mietwagen in über 80 urlaubsländern
   - zu äusserst attraktiven preisen

2. vergessen sie jetzt die üblichen zuschläge und überraschungen. dank

   - alles inklusive tarife
   - wegfall der selbstbeteiligung
   - und min. 1,5 mio € haftpflichtdeckungssumme (usa: 1,1 mio €)

   steht ihr endpreis bei holiday autos von anfang an fest.

3. nehmen sie ganz ruhig den hörer, wählen sie die telefonnummer **0180 5 17 91 91** (12cent/min), surfen sie zu **www.holidayautos.com** oder fragen sie in ihrem reisebüro nach den topangeboten von holiday autos!

kein urlaub ohne

holiday autos

Wichtige Hauptstraße		Aussichtsturm
Hauptstraße		Funk- bzw. Fernsehturm
Nebenstraße		Hafen, Ankerplatz
Straße in Bau/Planung		Höhenpunkt
Fahrweg		Kraftwerk, Staudamm
Straße für Kraftfahrzeuge gesperrt		Mühle
Straße für Kraftfahrzeuge gegen Gebühr		Information
Straßentunnel, -brücke		Hervorragende Bäume
Karrenweg		Campingplatz
Fußweg		Golfplatz, Minigolf
Pfad		Tennisplatz, Sportplatz
Dünenschutzweg		Segelfluggelände
Bake mit Nummer, offizieller Dünenschutzweg		Reitstall
Wattweg mit Pricken		Hallenbad
Eisenbahn mit Bahnhof		Schwimmbad geheizt, ungeheizt
Ausflüge & Touren		Windsurfen
Wanderweg nummeriert		Hundestrand
Radweg		Bewachter Badestrand
Autoverladung per Bahn/Schiff		Badeverbot wegen Lebensgefahr
Autofähre		Gasthof bzw. Hotel (außerhalb des Ortes)
Personenfähre		Restaurant, Café ohne Übernachtung (außerhalb des Ortes)
Schifffahrtslinie mit Anlegestelle		Omnibushaltestelle
Kanal mit Schleuse		Unfallstation, Krankenhaus
Kirche im Ort, freistehend		Hünen- bzw. Hügelgrab, Ringwall
Kapelle, Wegkreuz, Gedenkstein		Jugendherberge
Denkmal, Ehrenmal		Tankstelle
Schloss, Burg		Parkplatz mit Rundwanderweg
Schloss-, Burgruine		Parkplatz, Parkhaus
Kloster-, Klosterruine		Quelle, Brunnen
Leuchtturm		Staatsgrenze

A **B** **C**

1 S a l z s a n d

N O R D S E E

10

11

12

Leuchtturm
List-West
Westellenbogen

E l l e n b o g e n

(Alembóóg)

•8
Sörensknoll

Lister Landtief

Zone I

2 Nationalpark

13

14

K ö n i g s

(absoluter S

15

16

17

Ellenbogenberg
•26
Strandhalle
Norder-
(Nurer-)

Privat
Mautgebühr

3 Schleswig-

Holsteinisches

•28

Mövenberg

Jugendherberge

Jugendheim

Jensio

Jer

Naturschutzgebiet

Ellenbogental

Süder-
(Sürer-)

•34

Nord-Sylt

-Strandtal
(Ströndeel)

4 Wattenmeer

18

19

•22

-Strandtal
(Ströndeel)

•32

Manne-

List-

morsum-

•22

Brunne

d ü n e

tal **Sütt**

20

•29

Strand-
sauna

•32

Blidsel-

l a n d

tal

Wett

Schießstände

Meilhö

W
a
n
d
e
r

5

21

•29

•18

Blidselbucht

Strandtal

13

Blidsel

**Süder-
heidetal**

•29

•24

Schutzhütte

**NSG
Nord-Sylt**

6

22

Westerheide

•31

100

98

•27

emie am Meer
kshochschule
gendenholupg

Klapph tal

DANMARK
DEUTSCHLAND

D | E | F

G
utzgebiet 9

•11

4

P

1

2

7 | 6 | 5

4

2
P

Leuchtturm
List-Ost

Ostellenbogen

Vogelschutzgebiet
Uthörn

Surf-

Ellenbogen

P

3
9

2

Ellenbogenspitze
(Alemböögspünt)

1

2

Uthörn
Seevogelbrutgebiet

zone

3

berg

nlage

Seevogel-
wärterhaus

Lister
Koog

Seevogel-
brutgebiet

P

Kurverwaltung

Alfred-Wegener-
Institut
Biologische Station

List

P

P

22

asso-
tel

Auto- u. Personenfähre nach Havneby/Rømø ca. 1 h

Ausflugsfahrten nach Dänemark

H o y e r

T i e f

1

2

3

4

5

6

H u n n i g e n -

W a t t e n m e e r

s ä n d e

r r t i e f

500 m

99

101

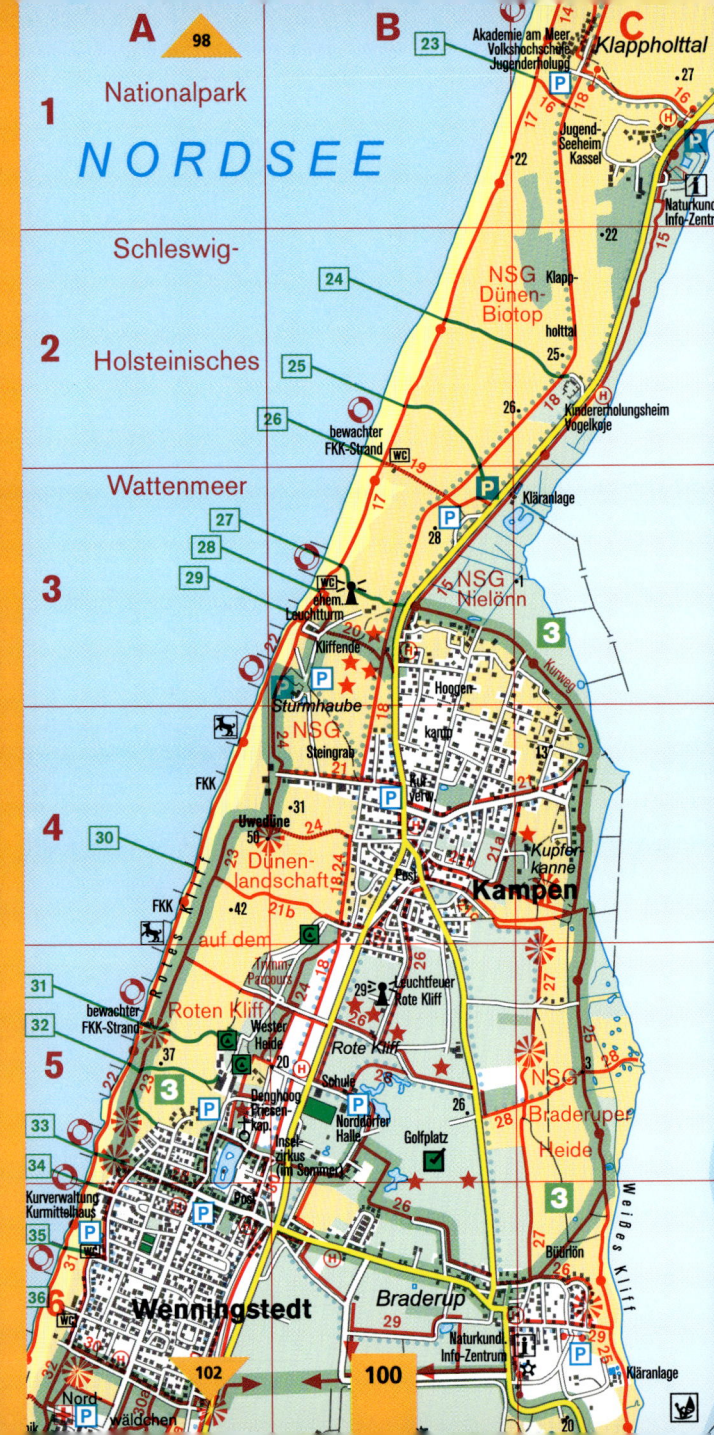

A · B · C

1

WESTERLAND

100
37
38
39
40 · FKK-Strand
41
42
43 · Kinderstrand
44

Nordseeklinik Sanatorium
Nord
Nordwäldchen
Bioklim Station
Friedrichs-hain
1939-45
Schul-zentrum
Nordhedig
Tower
FLUGHAFEN SYLT
Linien-Charter-Rundflü
Flugschule
Osthedig
Süderhedig
1914-18

2

Syltness Center
Freizeitbad Sylter Welle
Tourismus-Service

46
47
48
49
50 · Strand für Kinderheime

Sport-Zentrum
Süder-wald-chen
Süderende
ZOB
Auto-Ankunft Auto-Abfahrt
Wasser-turm
Schule
Tinnumburg
Schule

3

51
52
53
54 · FKK-Strand
55
56
57
58
59
60 · Breer-

Munkmars
Steidum Inge
Naturpark Info-Zentrum
Eidum Vogel-koje
Kläranlage Müllkompostwerk

Tinn (Sylt)

Tierpark
Waadens-Sil

Jugend-zeltlager
Dikjen Deel
NSG
Baakdeel
NSG

Seevögelschutzgebiet

Rantumbecken

106

102

N a t i o n a l p a r

H o l

St. Severin

1 **Keitum**
(Sylt Ost)

Heimatmuseum
Beheiztes Meerwasser-
schwimmbad
Touristbüro
Schule   Tipkenhoog
      Narhoog

2

Kaamp

Kruis-Wial

Archs-Wial (Wehle)

Schutzstation
Wattenmeer

3

Holerem

Firstklent
    5

Tjülis-Wial

Klaampshörn

Schellinghörn

Archsum

4

Mittelmarsch

Hiligenört

M e

S y l

Zone I

Börtillgettel

Neuer Graben

5

(absoluter Schutz)

Katrevel

Morsu
Odde
Wa

6

N a t i o n a l p a r

H o l s t e i n i s c h

D　　　　　**E**　　　　　**F**

1

S c h l e s w i g -

Zone I

2

e i n i s c h e s

(absoluter Schutz)

M i t t e l s a n d

Autotransport Niebüll-Westerland 50 min.

W a t t e n m e e r

Vogelschutz
N ö s s e

3

Großmorsum

Morsum-Kliff

NSG Morsum-Kliff

25

38

Hindenburgdamm z. Festland

Munkhoog

12

38c

Abort

Abort

Nösse

P

Touristbüro

42

42

38

Trimm-Pfad

Dammwärterhaus

St. Martin

Kleinmorsum

Schule

39

42

4

O s t

41

Golfplatz

48

47

rende

47

42

5

W a t t e n m e e r

6

S c h l e s w i g -

W a t t e n m e e r

500 m

Breer-
glaat

Rantum
Nord

Sylter Quelle

Schleuse

Nationalpark

Ual
Serk

Erholungs-
heime

Schöpf-
werk

Seeheim

Rantum-

Inge

Rantum

Schlesswig-

NSG
Baakdeel

FKK
Burgberg

Burgtal

Vogelkoje

Wattenmeer

Samoa

FKK

Kleiner Fli
Schutzhütte

NSG

Holsteinisches

FKK

Wassertal

Großer Fli

Rantumer

bewachter
FKK-Strand

Sansi-
bar

Mast 193m

LORAN
Funk-Ortung

Wattenmeer

Dünen

Puan Klent

Rantumlohe

Jugendferienheim
Puan Klent

107
Thörnhörn

106

NSG

500 m

D   **E**   **F**

73

51f

Jugendferienheim
Puan Klent

106

22

NSG

27
Thörnhörn

1

Klatigdeel
•2

Nationalpark

51

74

Rantumer

51g

14

2

17
Dünen

50

Nationalpark

Nationalpark

•1

Möskental

52

Schleswig-

Neue Wasserkuhle
(Niweterkül)

•28

3

52a

Schullandheim

Möwennest

20

18

Graues Tal

Schleswig-

51

75

54

52

54

Holsteinisches

76

50

Budersand

29

Schleswig-

C

55

77

P

Hörnum

Kläranlage

Holsteinisches

4

55

78

Naturkundl.
Info-Zentrum

i

Steintal

79

P

WC

56

Gemeinde
Kurverwaltung

P

bewachter
FKK-Strand
Strandsauna

P

P

Wattenmeer

80

WC

Segelschule

Hörnum-
Reede

•19

56

Wattenmeer

81

Weiße Düne
•23

53

5

82

53

53b

84

Seevögel-
Nist-und
Brutplätze

83

NSG
Hörnum-
Odde

Amrum-
tief

Helgoland (IV–X) 4 h, Amrum (III–X) 1 h
Föhr (III–X) 2 h, Hooge (III–X) 1 1/2 h

6

Hörnumloch

107

500 m

total relaxed in den urlaub: übung für fortgeschrittene

1. schliessen sie die augen und denken sie intensiv an das wunderbare wort „ferienmietwagen zum alles inklusive preise". stellen sie sich viele extras vor, die bei holiday autos alle im preis inbegriffen sind:

- unbegrenzte kilometer
- haftpflichtversicherung mit min. 1,5 mio €uro deckungssumme (usa: 1,1 mio €uro)
- vollkaskoversicherung ohne selbstbeteiligung
- kfz-diebstahlversicherung ohne selbstbeteiligung
- alle lokalen steuern
- flughafenbereitstellung
- flughafengebühren

2. atmen sie tief ein und lassen sie vor ihrem inneren auge die zahlreichen auszeichnungen vorbeiziehen, die holiday autos in den letzten jahren erhalten hat.

   sie buchen ja nicht irgendwo.

3. nehmen sie ganz ruhig den hörer, wählen sie die telefonnummer **0180 5 17 91 91 (12cent/min)**, surfen sie zu **www.holidayautos.com** oder fragen sie in ihrem reisebüro nach den topangeboten von holiday autos!

kein urlaub ohne
holiday autos

MARCO 🌐 POLO

Für Ihre nächste Reise gibt es folgende Titel:

In diesem Register sind alle in diesem Führer erwähnten Orte, Sehenswürdigkeiten und Ausflugsziele sowie wichtige Sachbegriffe verzeichnet. Halbfette Seitenzahlen verweisen auf den Haupteintrag, kursive auf ein Foto. Die Buchstaben in Klammern stehen für die einzelnen Orte (KT = Keitum, MU = Munkmarsch, WN = Wenningstedt).

Schreiben Sie uns!

Liebe Leserin, lieber Leser,

wir setzen alles daran, Ihnen möglichst aktuelle Informationen mit auf die Reise zu geben. Dennoch schleichen sich manchmal Fehler ein – trotz gründlicher Recherche unserer Autoren/innen. Sie haben sicherlich Verständnis, dass der Verlag dafür keine Haftung übernehmen kann. Wir freuen uns aber, wenn Sie uns schreiben.

Senden Sie Ihre Post an die MARCO POLO Redaktion,
Mairs Geographischer Verlag, Postfach 31 51, 73751 Ostfildern,
marcopolo@mairs.de

Impressum

Titelbild: Rotes Kliff in Kampen (H. Jessel)
Fotos: HB-Verlag (26); HB-Verlag: Schwarzbach (U. M., 5 r., 34, 37, 64, 66, 72); O. Heinze (1, 2 o., 6, 68); H. Jessel (2 M., 4, 5 l., 9, 10, 12, 14, 15, 17, 18, 20, 21, 22, 24, 27, 28, 29, 32, 35, 36, 38, 40, 42, 45, 46, 50, 51, 53, 55, 56, 59, 63, 70, 74, 79, 80, 82, 84, 86, 88, 95); K. Kallabis (7); T. Stankiewicz (U. l., U. r., 43, 73, 78)

1. (9.) Auflage 2002 © Mairs Geographischer Verlag, Ostfildern
Herausgeber: Ferdinand Ranft, Chefredakteurin: Marion Zorn
Redaktion: Nikolai Michaelis, Bildredakteurin: Gabriele Forst
Kartografie Reiseatlas: Kompass Karten GmbH, A-Rum/Innsbruck
Gestaltung: red.sign, Stuttgart

Bloß nicht!

Worauf Sie achten sollten, um sich die Ferienlaune nicht verderben zu lassen

Unfreundlichkeit klaglos erdulden

Ob in Kurverwaltungen oder anderen Servicebetrieben: Bei vielen Mitarbeitern hat sich leider noch nicht herumgesprochen, dass sie im Dienstleistungsgewerbe arbeiten. Lassen Sie sich Unhöflichkeiten nicht gefallen. Wem morgens eine Laus über die Leber gelaufen ist, braucht noch lange nicht mit den Gästen rumzuzicken. Lassen Sie sich ruhig den Namen des Mitarbeiters oder der Mitarbeiterin geben. Und wer das Gespräch mit dem Vorgesetzten scheut, kann der Lokalzeitung einen Leserbrief schreiben.

Auf Friesenwällen herumturnen

In Ermangelung von Holz wurde in früherer Zeit der Garten mit einem Steinwall eingefriedet. Diese Mauer hielt nicht nur das frei laufende Vieh vom Gemüse fern, sondern bot auch Windschutz. Wer die Wälle heute als Sitzgelegenheit benutzt oder seinen Kindern als Klettergerüst anbietet, muss mit Ärger rechnen, denn die Wälle sind sehr instabil. Wenn auch nur ein Stein herausbricht, kann der nächste Regenschauer die Mauer zum Einsturz bringen. Die Reparaturkosten erreichen schnell 500 Euro, wenn der Wall neu gesetzt werden muss – da hört die Toleranz (verständlicherweise) auf.

»In« und »auf« verwechseln

Wer von den Einheimischen ernst genommen werden möchte (das schlimmste Schimpfwort lautet: »Du bist ja so dösig as'n Badegast«), sollte »in« und »auf« nicht verwechseln. Sylt ist eine Insel, auf der man lebt. Zwar befindet man sich in Westerland oder in Kampen, aber immer auf Sylt!

Den Ärger über die Kurtaxe am Falschen auslassen

Dieses leidige Thema gehört hoffentlich bald der Vergangenheit an. Bis dahin aber wird an den Strandübergängen kassiert. Darüber kann man sich gerne aufregen, nur eines sollte man dabei nicht vergessen: Der/die Kurkartenkontrolleur/in ist nicht für die Gebühr verantwortlich!

Sandburgen bauen

Auf älteren Fotos reiht sich Sandburg an Sandburg. Heute ist das Graben von Burgen mit dem Argument des Küstenschutzes untersagt. Das ist allerdings nicht die ganze Wahrheit. Hauptproblem für die Kurverwaltungen war immer wieder der Verlust von teuren Strandkörben, wenn überraschend eine sommerliche Flut über den Strand ging. Die mittig in den Sandburgen stehenden Körbe wurden dann förmlich in den Strand eingespült und waren nicht mehr heil zu bergen.